家が動く！曳家《ひきや》の仕事

一般社団法人 日本曳家協会 編

2階建ての大きな民家を移動する。
家具は入ったまま、場合によっては生活しながら
そのまま移動することもある。

見るからに重い鉄筋コンクリートの建物も移動する。
いったん基礎と切り離して新しい基礎の上に据える。
移動のための道は頑丈にする。

お寺の三重塔を移動する。
背の高い建物は不安定なので
傾かないようにするための工夫と細心の注意が必要だ。

保育所の建物を移動する。
この保育所に通う子どもたちが
みんなで力をあわせて引っ張った。

目次

家が動く！曳家の仕事

まえがき 10
曳家の仕事 12
曳家の工程 13

移動する 15

木造の建物

崖をよじ登る家 16
高台から家を降ろす 18
生活したまま静かに動く 20
古民家を壊さずに移動して再生 22
5棟が複雑につながる木造工場 26
平屋の住宅を2階建てに 28

蔵

漆喰仕上げの重い土蔵 30
石の基礎に載った土蔵 32
土蔵よりはるかに重い石蔵 34

寺社・仏閣

頭が重く不安定な山門 38

長い塀をまっすぐに動かす 40

不安定な2本柱の鳥居 42

細くて高い三重塔 44

鉄骨造・鉄筋コンクリート造

鉄骨造の大空間の工場 48

1500トンのビルを基礎から動かす 52

軟弱な地盤に建つ複雑な形の学校 54

大空間の体育館 56

建物以外の移動

フィリピンで巨大タワーを1キロ以上動かす 58

イチョウの巨木を高台へ 60

津波で陸に打ち上げられた船を海に戻す 62

保存のための移動 65

木造の講堂

築120年の大切な講堂 66

登録有形文化財

市街地に建つ登録有形文化財の建物 68

建物を守る 71

液状化　液状化現象で傾いた家を救う　72

免震装置　免震装置を設置する　76

地震後に基礎修復　上げている間に基礎を直す　78

橋桁の沈下修正　折れ曲がった橋を修復する　80

曳家の技術　地面から離す／建物を上げる／道をつくる／載せる／押す・引く／建物を下ろす　82

コラム

綱引き　25

垂直に上げる職人の技　36

水平に移動させる職人の技　46

回転する家　51

地下を進む　64

あとがき　94

まえがき

家とは大地に根を張った不動のもの、不動だからこそ安心して暮らせる、頼りになる暮らしの器だというのが世の中の常識です。

フランスでは「動くもの」とは家具の意味で、「動かないもの」が建築の意味です。

それほど、動かないものの代表格の建築が動く。木造の家はもちろん、鉄筋コンクリート造の学校も、鉄骨造の大きな工場も動く。さらにお寺の塔や神社の鳥居まで動く。何メートルも、何百メートルも、ときには何キロも動くのです。

水平に動くばかりではありません。山を登ることすらあるのです。

世の中には、道路が出来るとか、いろんな事情で家が邪魔になることがあります。「ちょっと動かせば壊さずにすむのになあ」、こうした要請に応えて、建築物を移動させる仕事が世の中にあるのです。

それが「曳家」です。

「邪魔になった家は壊せばいい」、これが、普通の考えかもしれません。

ちょっと待って下さい。その前に、少し動かせば助かる家があるのです。壊さないですめば、経済的なばかりでなく、大きな資源の節約になります。それは、永年親しまれた大切な記憶や財産を守ることにもなります。

そう考えると「曳家」はとても現代的な技術ではないでしょうか。さらに、近年の大きな災害には、建築の移動や移転、さらに液状化して傾いた家の修復など「曳家」の技術が大活躍しました。うち上げられた大きな船も「曳家」の技術で海にもどしました。

残念ながら、「曳家」といっても多くの人はご存じないかもしれません。

そこで、この本では、「曳家」の実例をご紹介して、少しでも皆さんにその可能性を知っていただきたいと思います。驚くような事例がたくさん出てきますが、どれも職人さんたちの地味な努力と創意工夫の成果なのです。

意外と私たちの身近なところで活躍している技術です。いつか、どこかであなたのお役に立つかもしれません。

一般社団法人　日本曳家協会
理事長　恩田忠彌

曳家の仕事

土地区画整理等で建物を移動したい！

陽当たりが悪いので建物の向きを変えたい！

敷地有効利用のため建物を上げ、下に駐車場等をつくりたい！

歴史的な建物や文化財等をそのままの姿で移動して保存したい！

液状化などによる建物の沈下の修復をしたい！

このようなときに、「曳家」が活躍します。

曳家の技術もさまざまな要望に応えて進化し、建物を10メートル上げたり、鉄筋コンクリート造のような1000トンを超える建物を動かすこともできるようになりました。

住宅であれば、居住したまま、店舗や工場であれば営業を続けながら移動させることができます。

曳家の工程

地面から離す

建物の土台と基礎を切り離す場合と、基礎ごと移動させる場合があります。

建物を上げる

鋼材などで建物を支え、ジャッキアップします。

道をつくる

枕木などを使って移動先までの道を水平にした上にレールを敷きます。

載せる

建物の重さや移動距離によって、建物をローラーかコロに載せて動かします。

押す・引く

建物の重さや移動距離によって、ジャッキで押したり、ウィンチで引きます。

建物を下ろす

移動先に基礎などを設置し、建物を下ろします。

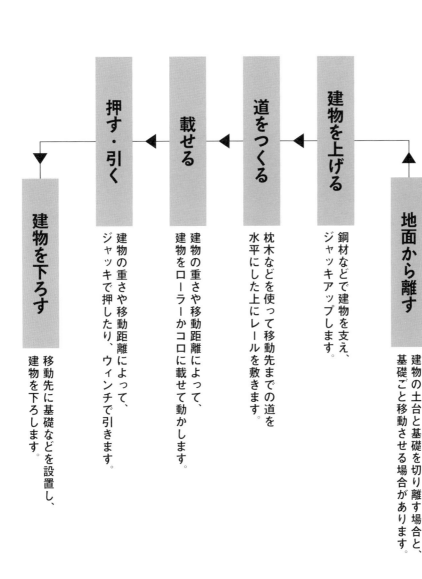

移動する

崖をよじ登る家（千葉）

曳家による一般的な建物の移動は、建物の下で人が作業するスペースが必要なため、2～3メートルほど上げてから水平に動かします。これを繰り返せば、建物は山の上までも登ることができます。

18mを登り終え、水平移動で目的の場所へ

山を切り崩して造成し宅地をつくるのに伴って、もともと谷にあった住宅は、壊して新しい土地に新築するか、別の場所に引っ越すかを選択しなければならなくなりました。

そのなかの1軒のお宅は、今まで大切に住んできた愛着のある家ごと山の上に移りたい……。曳家の技術を使うことで、それが実現しました。

およそ100トンの住宅が、階段状に組んだ枕木を使って、バランスを崩さずに18メートルの山を登る姿は圧巻です。

準備期間も含めて移動に3か月くらいかかりました。垂直、水平に移動するための造成工事を含め準備段階に時間をかけるので、もちろん家は傾くことがありません。そのため家財道具はそのままで大丈夫なのです。片付けや引っ越しの手間も一切いりません。

新しい宅地に一番乗りで移動し、愛着のある家で新しい生活がはじまりました。

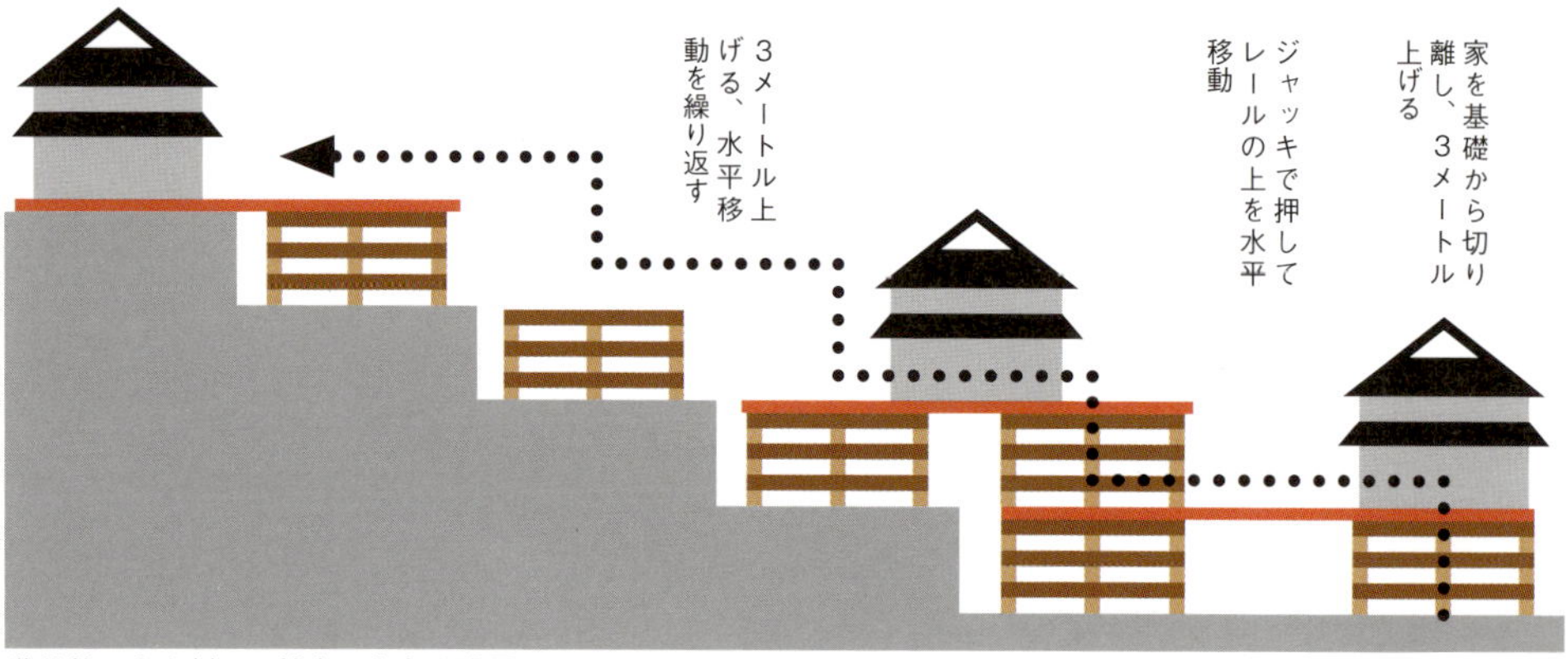
家を基礎から切り離し、3メートル上げる
ジャッキで押してレールの上を水平移動
3メートル上げる、水平移動を繰り返す
階段状に山を削って枕木の土台を設置する

100トンの住宅が山を登る

高台から家を降ろす（千葉）

前のケースとは逆に、曳家の技術を使って高台から建物を降ろすこともできます。建物を斜めに降ろすことはしないため、まず水平に移動して、そのあと数回に分けて降ろします。

宅地造成で高台が削られることになり、高台にある重量約120トンの家を50メートル離れた先の低地に5メートル降ろすことになりました。

最初に建物の基礎に穴を開け、土台を支えるための鋼材を入れる作業を3日から5日かけて行います。そしてジャッキで家を持ち上げます。

斜面を水平移動するために、1週間かけて枕木を組み、道レールを設置します（86ページ参照）。レールが水平でないと建物が傾くおそれがあるため、枕木の隙間に板などを入れて調整します。ここが一番時間のかかる作業です。

斜面の先までの水平移動は20メートル。道レールの上を家が移動するのはたったの1時間です。そのあと、建物を3メートル下に垂直に下ろし、新しい敷地まで水平移動します。

すべての作業が終わるまで半月の間、普段の日常生活を続け、引っ越す必要はありませんでした。

移動中に日常生活ができるように玄関に仮設階段を設置

コンクリートの基礎から切り離し、ジャッキで家を持ち上げた状態

枕木とレールで作られた高さ5mの道を家がゆっくり進んでいく

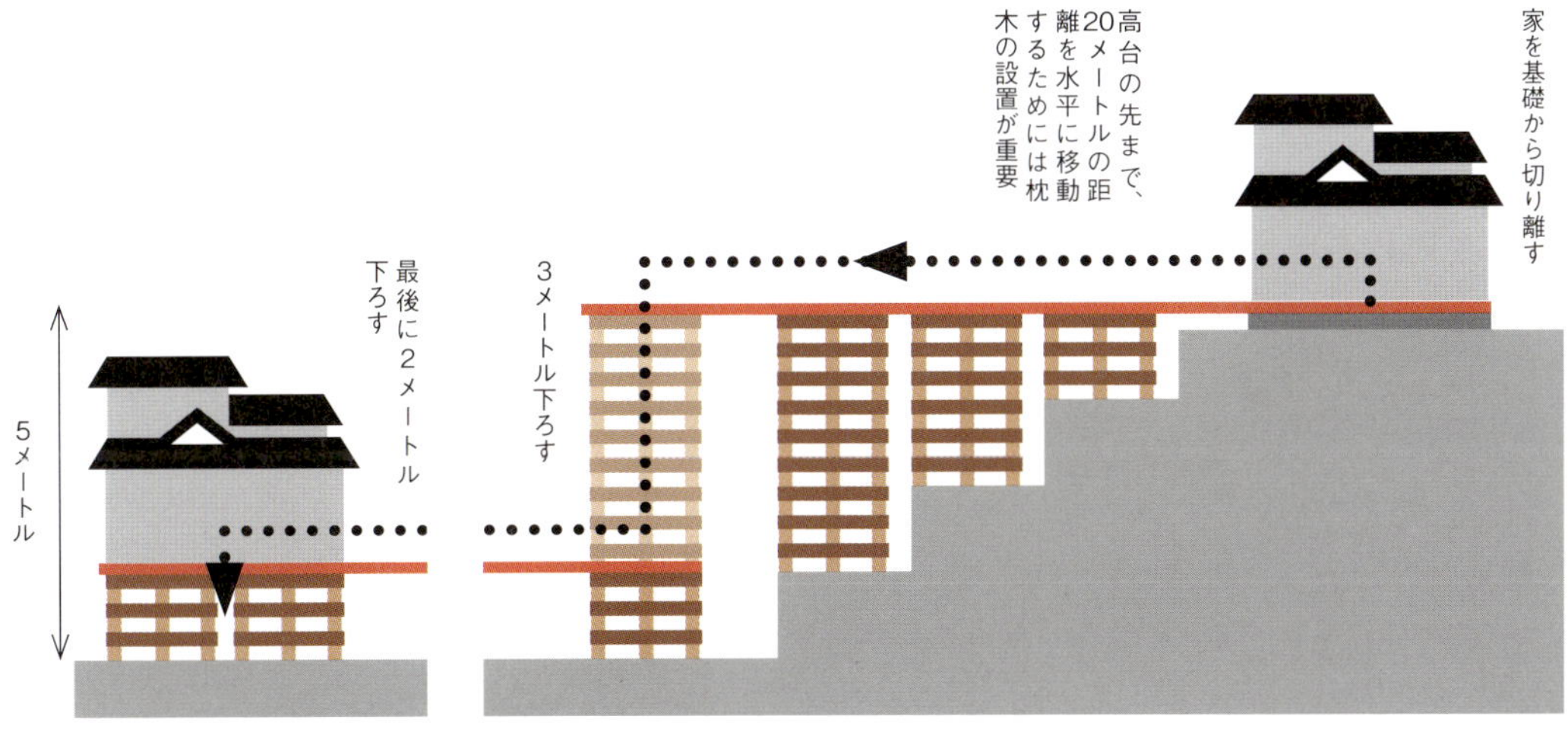
家を基礎から切り離す
高台の先まで、20メートルの距離を水平に移動するためには枕木の設置が重要
3メートル下ろす
最後に2メートル下ろす
5メートル

生活したまま静かに動く（茨城）

区画整理などで、建物を今ある場所から数十メートル先へ移動させたい。そのうえ家の中で普段通り生活したまま移動できることも、曳家の大きなメリットです。こんなときこそ曳家工事の出番です。

家を持ち上げるために、まず建物の土台下の基礎部分に穴を開けます。次に土台と基礎をつないでいるアンカーボルトを切断します。そして基礎に開けた穴に鋼材を通してジャッキアップして家を持ち上げる。この方法は、土台がしっかりしている木造住宅などに適しています。

埋設しているガス管、水道管を家から取り外します。以前は移動中でも炊事ができるようにプロパンガスを代用していましたが、最近では電磁器具を用いることが多くなりました。水道は建物を上げる際にいったん止めますが、もし移動中に必要な場合は、ホースを利用して使い続けることもできます。移動先にたどりつくと、新たな水道栓につなげます。

家財道具を一切運び出す必要がなく、作業が始まってから終わるまでの20日間、生活できることはもちろん、移動していることが分からないくらいの安定感です。

土台の下に穴を開け鋼材を通す
ガス、水道はいったん取り外す

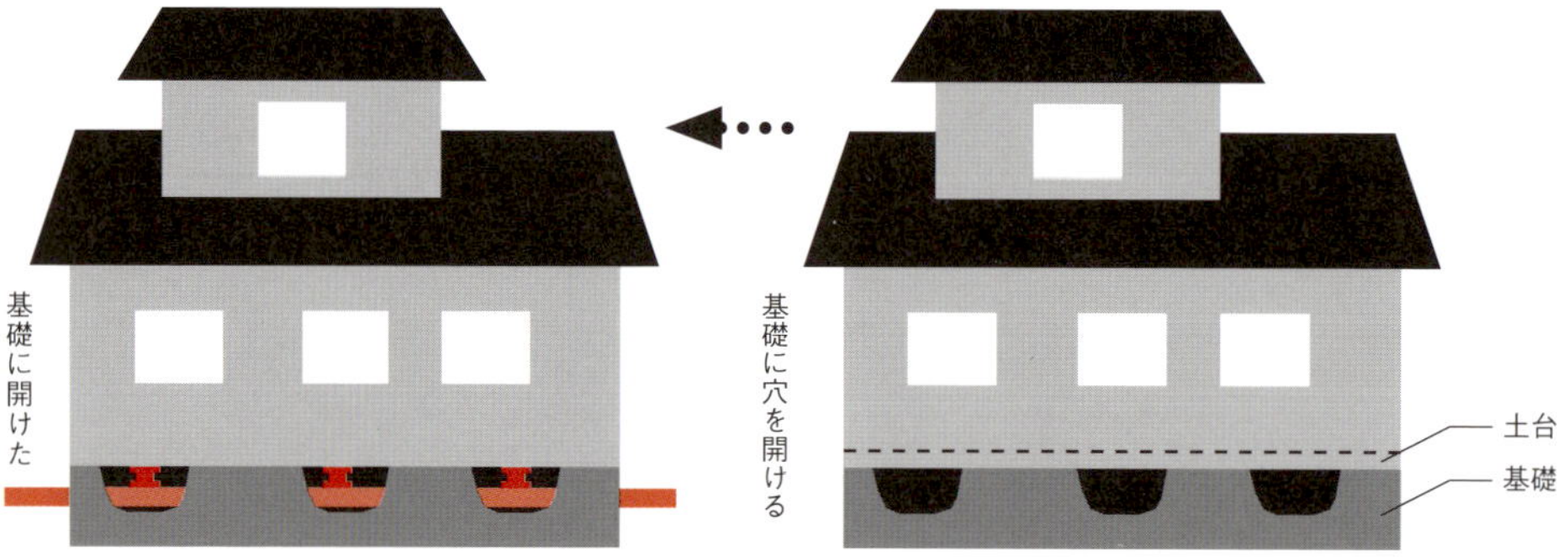
基礎に開けた穴に四方から鋼材を入れる

手前に見える元の基礎から斜め後ろに移動中。その間、家の中でいつもどおりの生活を続けられる

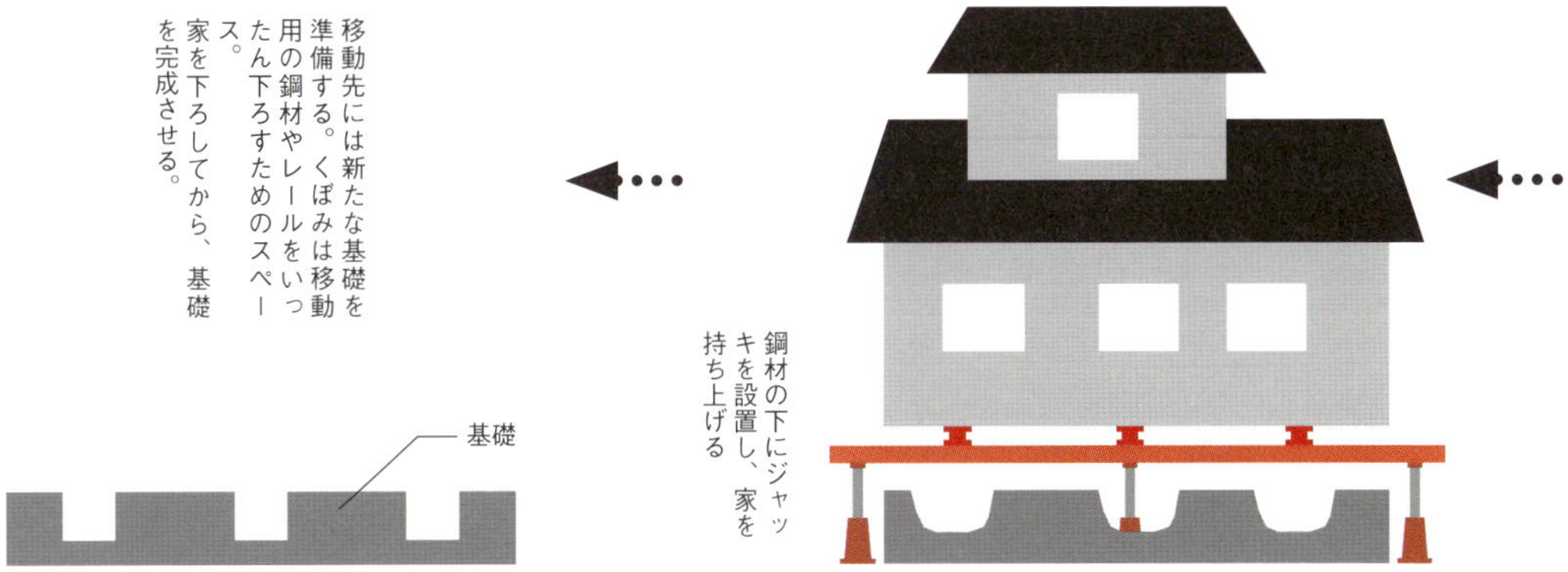

移動先には新たな基礎を準備する。くぼみは移動用の鋼材やレールをいったん下ろすためのスペース。
家を下ろしてから、基礎を完成させる。

鋼材の下にジャッキを設置し、家を持ち上げる

木造の建物

古民家を壊さずに移動して再生

（岩手）

何代にもわたって住み続けてきた民家。傷んではいても、構造的に問題なければ再生も可能です。曳家して移動することをきっかけにして、見事な再生が行われました。

築約100年の民家が建つ敷地に、遊水池が造られることになりました。

建物はかなり傷んでいたので、壊すことも考えましたが、持ち主は長年住み続けていた家に愛着があり、少し離れた高台への移動を検討しました。専門家の調査によると、建物は古いけれども構造はしっかりしているため、移動に際して問題はありませんでした。

曳家をして高台へ移動した後は、傷んだところや屋根を直し、さらに長く住み続けられるような工事をすることにしました。

新しい敷地は元の敷地より6メートル高い所です。ほぼ2階分の高さを上る必要がありました。

まず、土台の下にレールとジャッキを設置し、3メートルジャッキアップ、そして前方に30メートル移動しました。距離があるのでウィンチで引きます。

浴室・トイレなどの水廻りは、建物にしっかり固定されていない場合があるため一体化させて動かすには注意が必要です。

また、建物には重いところと軽いところがあります。バランスよく移動させるために、道レールはその重さを考慮して設置します。

さらに3メートルジャッキアップし、今度は横へ30メートル移動して、準備しておいた新しい基礎に下ろします。ここまでに約1か月かかりました。

その後、3か月かけて再生工事を行い、新しい暮らしがはじまりました。

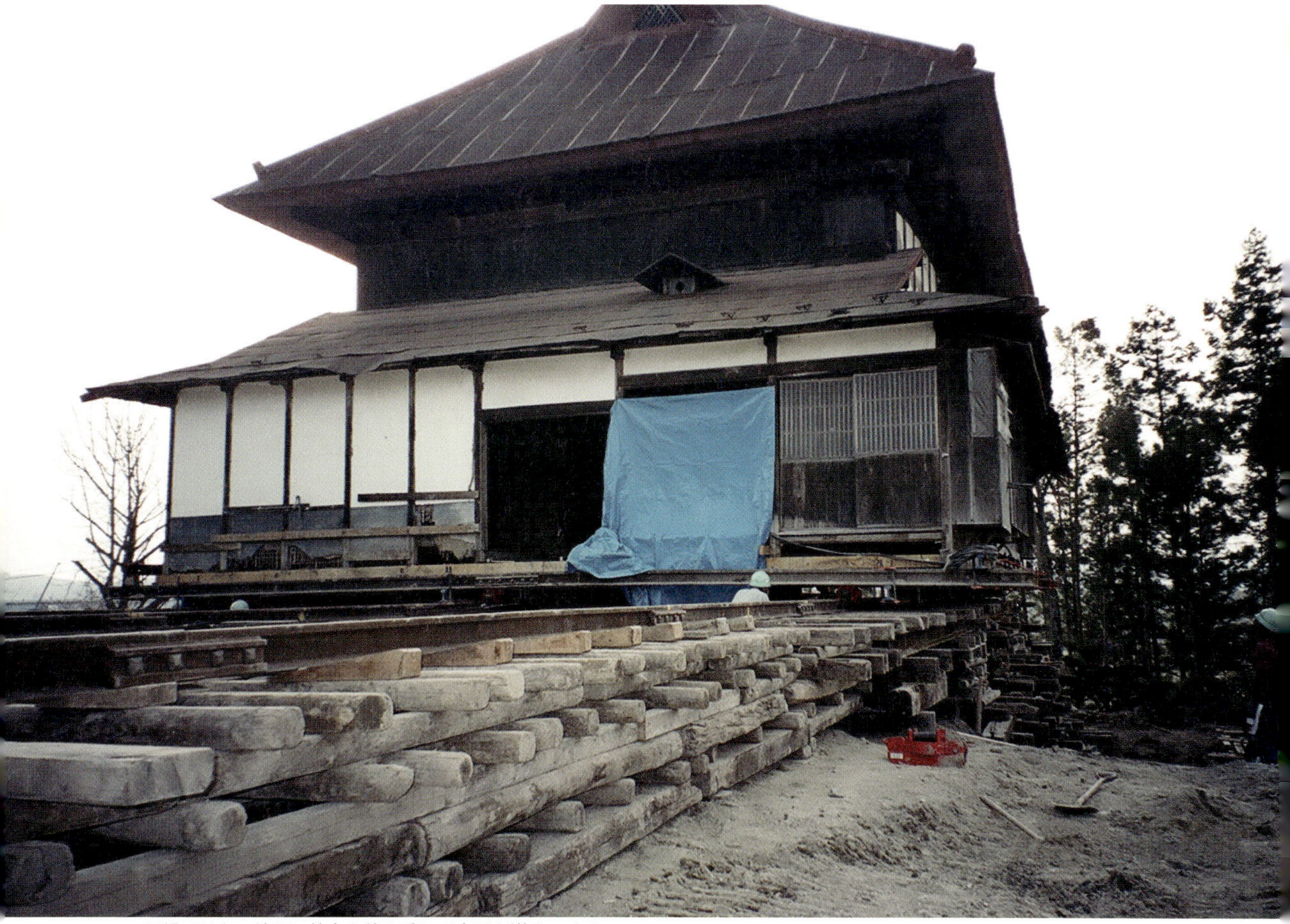

平坦ではない地面に枕木を積み重ねて水平な道をつくる

土台の下から見上げる

30mという長い距離の移動なので、押すのではなくウィンチで引いている。移動先に新しい基礎を用意しておく

銅板で屋根を葺き直し、外装を改修して完成した全景

新しい基礎へジャッキダウンして納める

綱引き

市民に見守られてきた建物が、道路拡張のため移動することになりました。

市民の記憶に残るイベントにしたいと市から相談を受けて、綱引きで建物を動かすことを提案しました。

大きく複雑な形の建物をまっすぐ引かなければならないため、人数の配置を考えてていねいに引きます。朝から晩まで市民約50人が交代で綱引きに参加しました。

市民の手を借りて、笑顔につつまれながら曳家が終了しました。

5棟が複雑につながる木造工場（福井）

何棟かが連なる複雑な形状の建物を移動するときは、建物を切り離さずそのまま一緒に動かす場合があります。その際、建物を上げるときも水平移動するときも、建物が歪まないよう、バランスを取ることが重要なポイントです。

工場の敷地に道路が新設されることになり、5棟が連なる築100年の木造工場を、40〜50メートル離れたところに移動しました。

建物は、棟によって平屋だったり2階建てだったりまちまちで、大きさも異なります。1棟ずつ切り離して移動することも考えられますが、今回のケースは形状が複雑で、設置するときふたたび建物をつなげることが難しいため、一度に動かすことになりました。

移動先に設けた基礎も複雑な形状をしている

建物を持ち上げるために、各棟の必要箇所に約80台のジャッキを設置しました。建物の重さが棟ごとに違うため、均等に上げるにはジャッキをどのように配置するかが重要です。これは、曳家職人の経験と勘がものをいいます。

ジャッキを1回に約15センチ上げて枕木で固定し、またジャッキを設置することを繰り返して1メートルほど上げます。7～8人が各所にちらばり、無線で指示を受けながら同時に作業していきます。

その後は、レールの上を水平に移動させ、新しい基礎に下ろします。

建物を上げる準備に1か月。上げる作業に30日、移動には準備を含めて20日、下ろすのに10日を要しました。

前ページのコラムで紹介したように、移動は市民の綱引きの力も借りました。

平屋の住宅を2階建てに（東京）

現在住んでいる木造平屋の住宅を2階の高さまで上げて、1階部分に車庫と新たな部屋を設置し、2階建て住宅にしました。

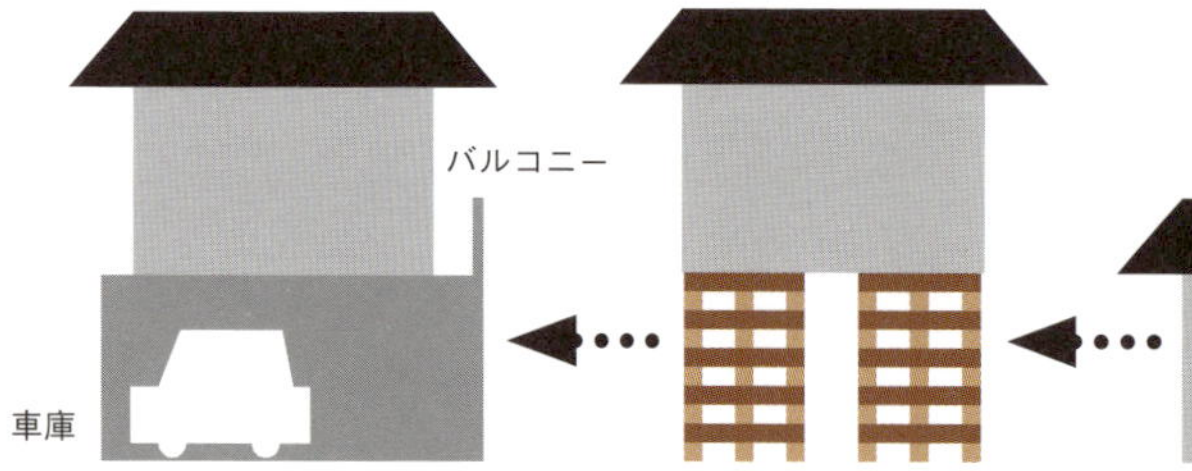

都内の住宅地に建つ平屋住宅。車庫と部屋を増やすことになり、建て替えか、増築のどちらにするか検討したところ、今の1階部分を活かした方が、新築する半額程度の費用と短い工期ですむことがわかり、1階部分を2階に上げ、1階を増築することになりました。

一般的にこのような場合は、新たな1階部分は鉄骨造かコンクリート造にします。この住宅は1階は鉄骨造を採用しました。

基礎工事と骨組みの鉄骨工事までは曳家業者が行い、1階の車庫などの部屋を作るのは工務店が受け持ちました。

この住宅の場合工事にかかった日数は、準備に1週間、上げるのに3日、1階部分をつくるのに1週間、下げるのに3日程度でした。

実際に住んだまま工事したので、増築期間の住まいの心配や引っ越し作業も不要です。工事の間は裏側に階段を設けて住宅に出入りできるようにしました。

運搬スペースがあれば、別の場所で1階部分をつくって運ぶこともありますが、ここでは住宅地で敷地も広くないため、現場で1階をつくりました。

住み慣れた家の1階は、間取りや使い勝手も何も変わらずに2階になりました。2階のまわりには念願だったバルコニーもつくり、見晴らしも格段に良くなりました。

2階部分まで持ち上げ、この後、新しい基礎工事と鉄骨工事がはじまる

車庫とバルコニー付きの2階建ての家が完成

漆喰仕上げの重い土蔵（宮城）

土蔵は木造の民家に比べてはるかに重く、そのうえに漆喰仕上げの壁はひびが入ったり剥がれたりしやすいため、移動には細心の注意を要します。

約１２０年前に建てられ、貯蔵に利用されてきた土蔵を、区画整理のために50メートルほど移動することになりました。

仕上げは漆喰で腰の部分はきれいなまこ壁です。壁の厚さは約30センチほどあり、蔵の重量は約50トンです。

移動の際にいちばん気を使ったところは、もろくてひび割れしやすい仕上げと、土でできた蔵そのものを、いかに壊さないようにするかです。

次に蔵を持ち上げるため、蔵の外側と内側に取り付けた鋼材の下にジャッキを20台設置します。垂直に上がっていることを確認しながら、２日かけて建物を上げます。

水平移動にはローラーを使い、道レールの上を３日ほどかけてジャッキで押していきます。

移動先には新しい基礎を準備しておき、建物を傷付けないように細心の注意をして下ろします。

土蔵を解体して、作り直すことは期間、技術的にも難しく、移動して活用するには曳家が最適な方法でした。

蔵の外側の補強　蔵の壁を両側から鋼材で挟み込み、ワイヤーで固定する。次に別の鋼材を蔵の下へ縦横に差し入れて、蔵全体をがっちりと固める

蔵の内側の補強　まず床を外して蔵の周りに穴を掘り、作業するためのスペースをつくり、鋼材を入れる

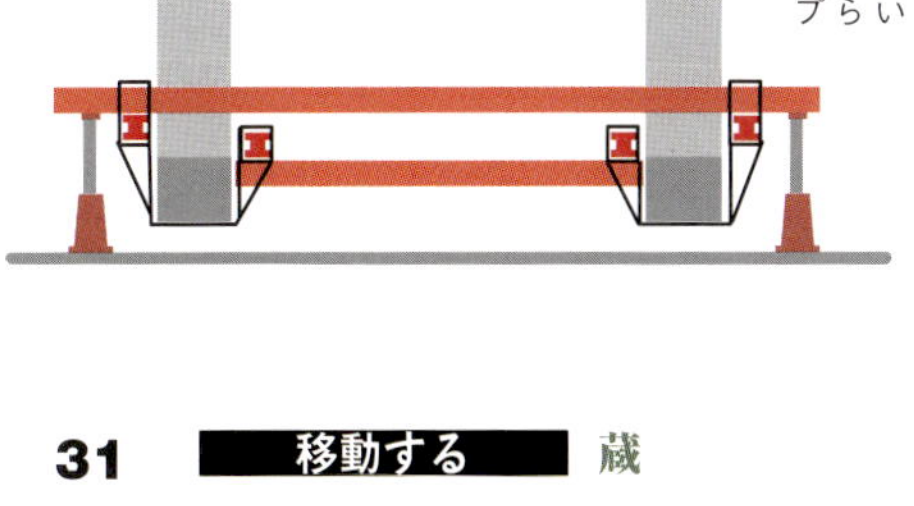
壁がゆがまない
状態にしてから
ジャッキアップ
する

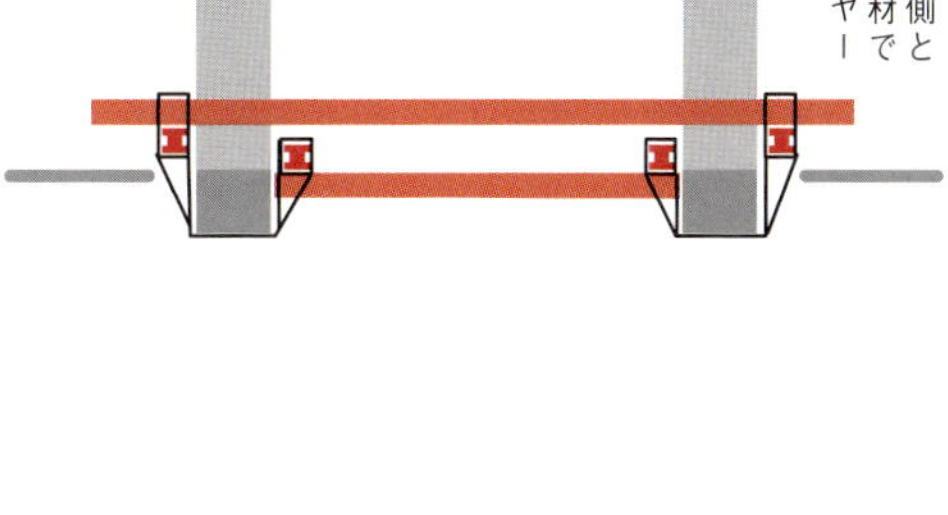
蔵の壁を内側と
外側から鋼材で
囲み、ワイヤー
で固定する

石の基礎に載った土蔵
（福島）

前ページのケースよりもさらに100トンほど重い約150トンの土蔵を移動します。下端が平らでない石でできた基礎に載った蔵を動かしました。

長らく商品の収蔵に使われてきた150トンの土蔵。主屋を100メートルほど先に新築したため、そのそばに移動することになりました。ここでは水平移動だけでなく、新しい家に合わせて蔵の向きも90度ほど回転させました。

まず蔵の周りから穴を掘り、基礎の下に鋼材を縦横に入れ、ジャッキを必要な箇所に設置してジャッキアップします。

この蔵は基礎が石で、さらに基礎の下端が平らではないため、鋼材と基礎の間に隙間が生じないように木材を挟むなどの工夫をしました。隙間があるままで上げると、一部がゆがみ、壁にひび割れが生じてしまうからです。

建物を上げたり角度を振りながら移動する際にも、不安定にならないように注意が必要です。

移動先には、この蔵に合わせた新しい基礎（本受台）を準備し、蔵を下ろしてから基礎を完成させました。

各所に設置したジャッキを一括で操作する

移動と回転が終わり、下げる準備をしている

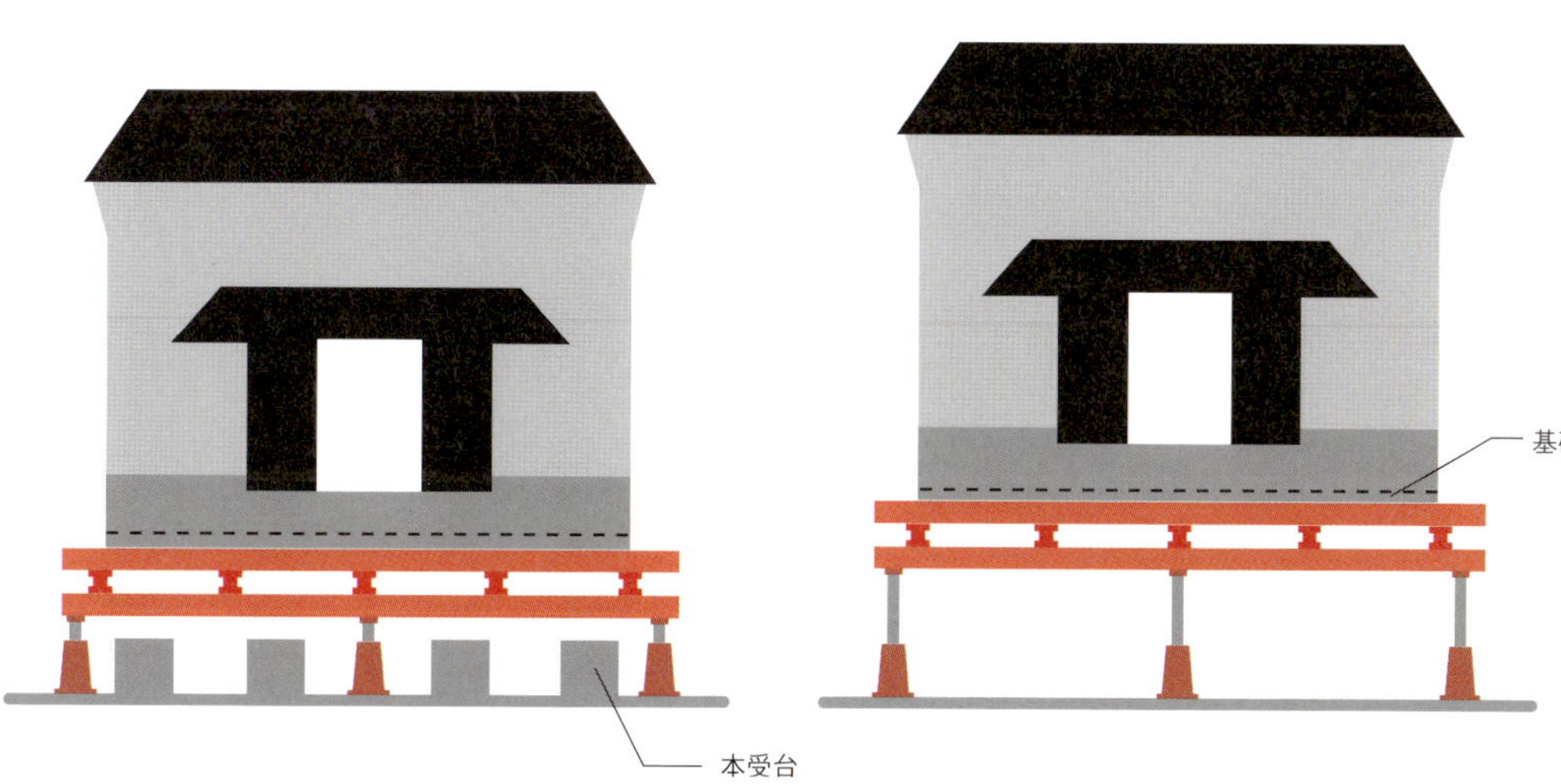

土蔵よりはるかに重い石蔵
（東京）

石を積んでつくられた蔵を動かすことになりました。石蔵は土蔵よりもはるかに重く、石が割れたり崩れたりする恐れもあります。

神社の中にある、見るからにがっしりとした石造りの蔵。神社内で増築するために、この石蔵を30メートルほど移動することになりました。重さはなんと約300トンです。

基礎と蔵を切り離すことができないため、まず蔵の周りに穴を掘り、基礎ごとジャッキアップします。

石蔵は土蔵に比べてはるかに重く、上げる際には35トン用のジャッキを12台設置しました。

ジャッキアップしたあとは、蔵の下部に枕木を縦横交互に重ねて土台をつくり、移動先まであらかじめ設置した4本のレールの上をローラー8台を使って移動させます。

基礎が傷んでいるときは、補強する場合もあります。

作業中は、石割れが生じたり、石が崩れたりすることのないよう、慎重に作業しなければなりません。

重量があるため、慎重に移動する

基礎の周囲を掘り、基礎ごとジャッキアップした状態

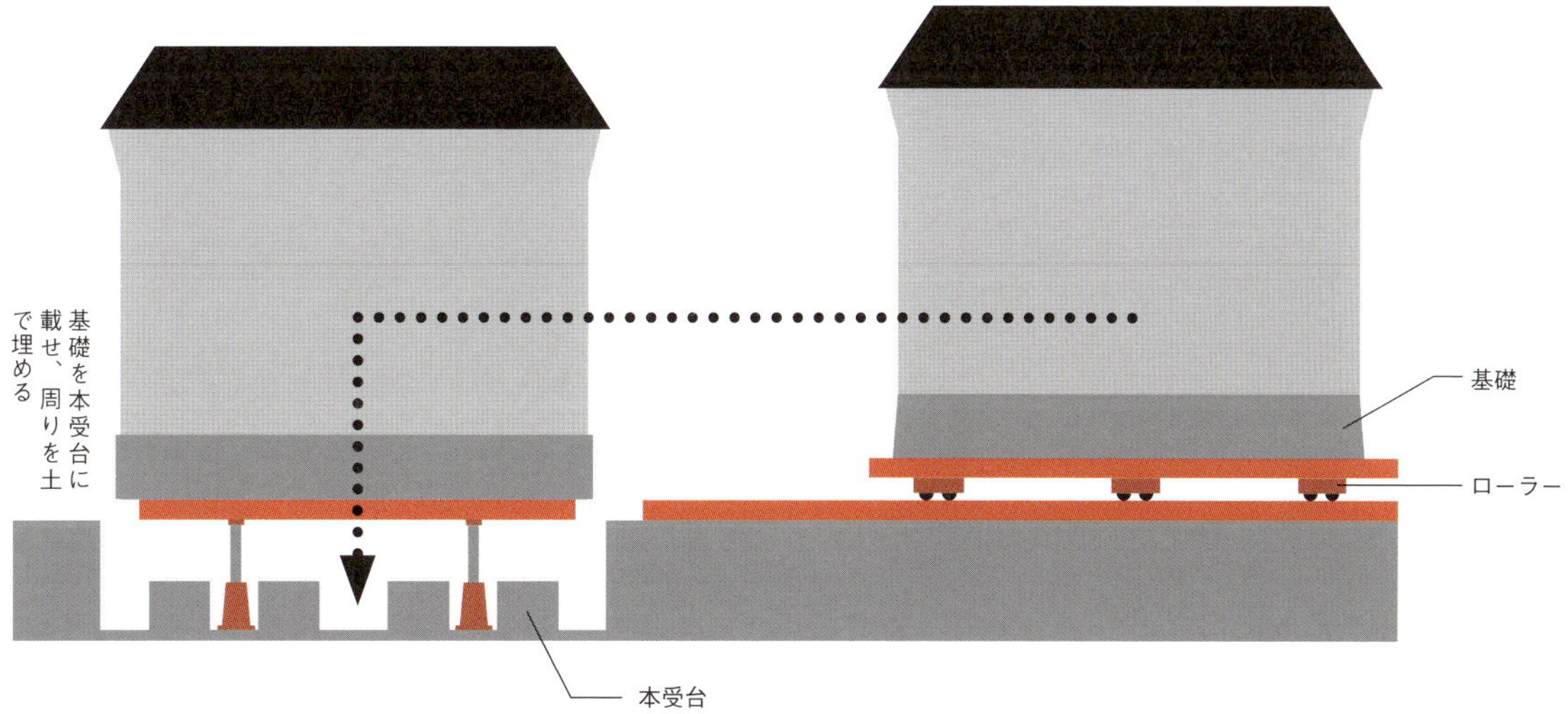

COLUMN

垂直に上げる職人の技

複雑な形の建物は、場所によって重さが大きく違う

建物の重さは建物の部分によって違います。建物の一部が2階になっているところや、柱のある場所、梁のある場所、間取りや部屋の種類によっても異なります。

例えば3トンの重さがかかっているところ、5トンの重さがかかっているところ、10トンの重さがかかっているところがある場合、それを量らずに見分けるのが熟練した曳家職人の技。

ジャッキの数と設置する場所によって、建物は何ごともなかったかのように水平を維持したまま垂直に上がるのです。

頭が重く不安定な山門

（東京）

寺院の正門である山門は、瓦屋根で重厚な構えのものがほとんどです。人が通り抜ける下部は開放されていて、頭でっかちで不安定なつくりです。

山門の両脇が狭く通行が不便だった（移動前）

山門の両脇が狭く車両が通行しにくいため、山門を10メートルほど移動させることになりました。

山門は上部が非常に重く、それに対して、下部構造が開放的で不安定なつくりです。崩れたりゆがんだりしないように移動させることは、とても難しい作業です。

この山門は、瓦の量が多く、総重量は200トンくらいありました。

まずは、建物がゆがまないように振れ止めのため、柱を補強します。柱は神聖なものなので、傷つかないように白い布で巻きます。文化財級の建物の場合、少しの損傷もないよう、高い技術と細心の注意が必要です。

1週間かけて、これらの移動までの準備作業を行ったあと、20センチずつ上げていくことを繰り返し、2日かけて1メートルジャッキアップします。

次は、後ろに3日、横に2日移動し、目的地に到着しました。

移動前は基礎石の上に柱を載せているだけでしたが、移動後は新しい基礎石に穴をあけ、地面からステンレスのボルトを貫通させて柱と固定しました。

山門の中央部の補強

柱の補強

後方に移動中

長い塀をまっすぐに動かす

しっかりと繋がっていない山門と塀や、寺院の敷地を囲む長い塀も道路拡張などのために移動することがあります。移動距離は短くても、曲がらないように全体を同じ速度で移動することは大変なことです。

左ページ上の写真は、山門と横にある塀を一緒に移動するための準備をしているところです。

山門と塀は連結して作られてはいません。また、基礎もなかったため、塀の壁の一部を外し、山門と塀を鋼材で固定してから動かすことにしました。

もちろん移動後には、壁を作り直します。

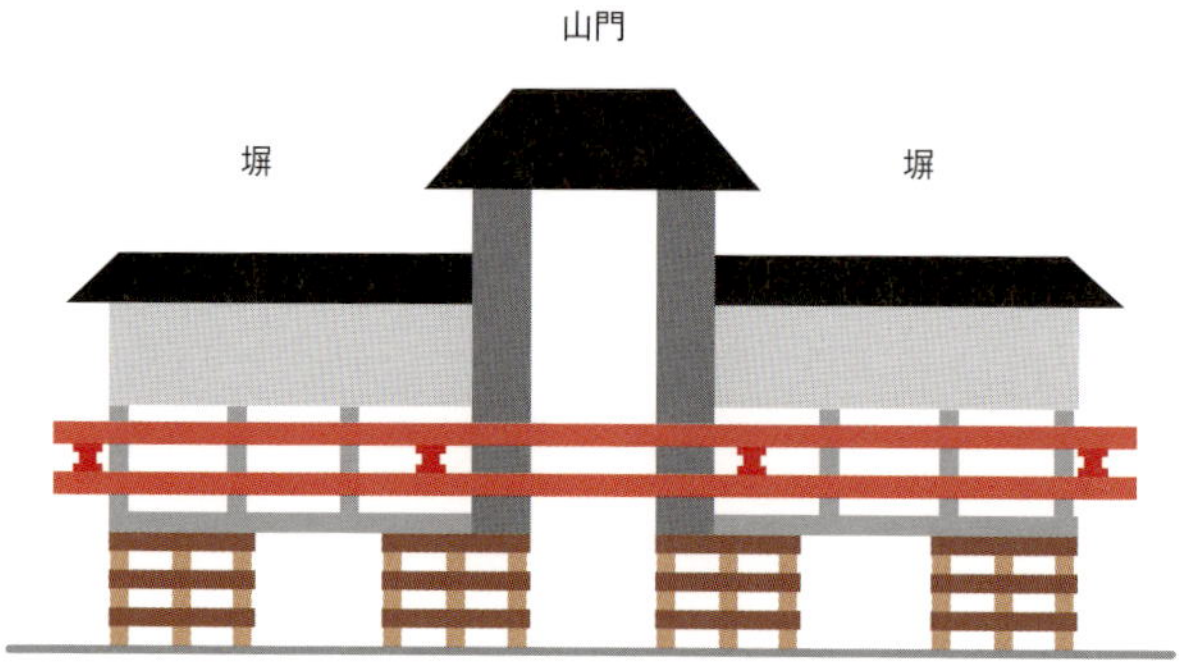

塀の壁を外し、塀と山門を鋼材で固定する

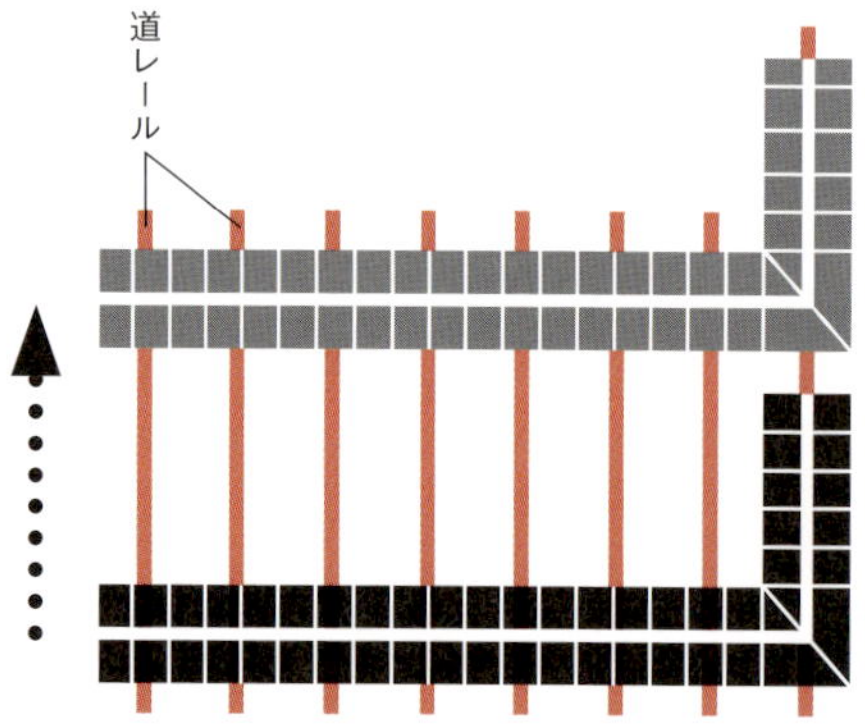

上から見た状態

左ページ下の写真は、道路拡張のため長い塀を数メートル移動する工事です。

道路に面して50メートル、右側が20メートルくらいのL字型の塀です。土台から30センチほどすくい上げ、塀を解体することなくL字型のまま移動しました。

塀の柱に合わせて移動用のレールを入れ、ローラーを設置します。まっすぐに伸びた塀が曲がらないよう注意して移動します。

山門と塀を移動（東京）

基礎がないため、塀の柱を利用して塀と山門を固定する

道路拡張のための移動（茨城）

元の基礎石を撤去し、塀の補強、道レールの設置を終え、道路から数メートルセットバックさせる

不安定な2本柱の鳥居

寺院の山門と同様、神社の鳥居も頭部が重い建造物です。2本の柱の上部に笠木を載せているだけのものが多く、見るからに不安定な構造です。

神社の鳥居を動かすことも、曳家の仕事です。

鳥居は木造、石造、コンクリート造など、いろいろな材料があり、重さもまちまちです。基本的には、2本の柱とその上に載る笠木、笠木の下で2本の柱をつなぐ貫で構成されます。

笠木は柱の上に載せているだけのものがほとんどなので、万が一傾いても外れないように、貫と固定します。

柱を固定するために、2本の木を斜めにクロスさせて柱を挟み、ロープなどで縛ります。

柱を固定した木の下部は鋼材で固定します。

奥行きがないため、ねじれないように、また傾かないように注意してジャッキアップし、水平移動しなければなりません。

移動だけでなく、鳥居を高くしたり低くする場合もあります。その際も固定する方法は同様で、基礎で高さを調整します。

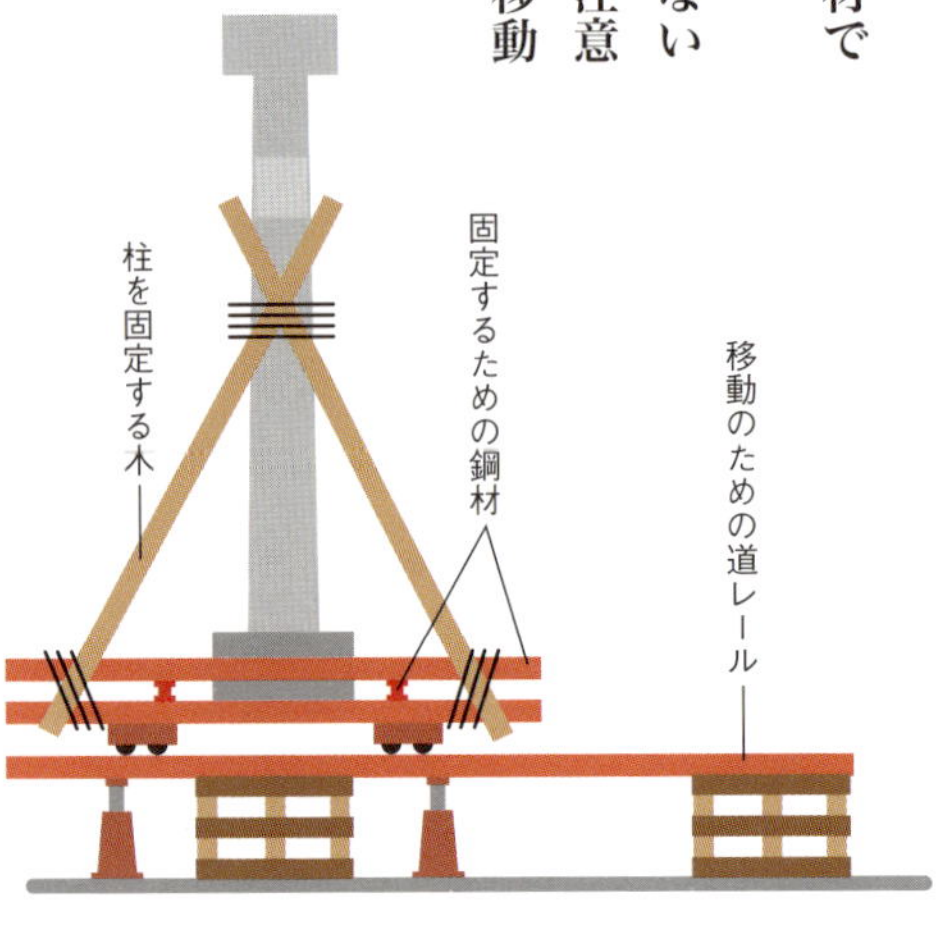

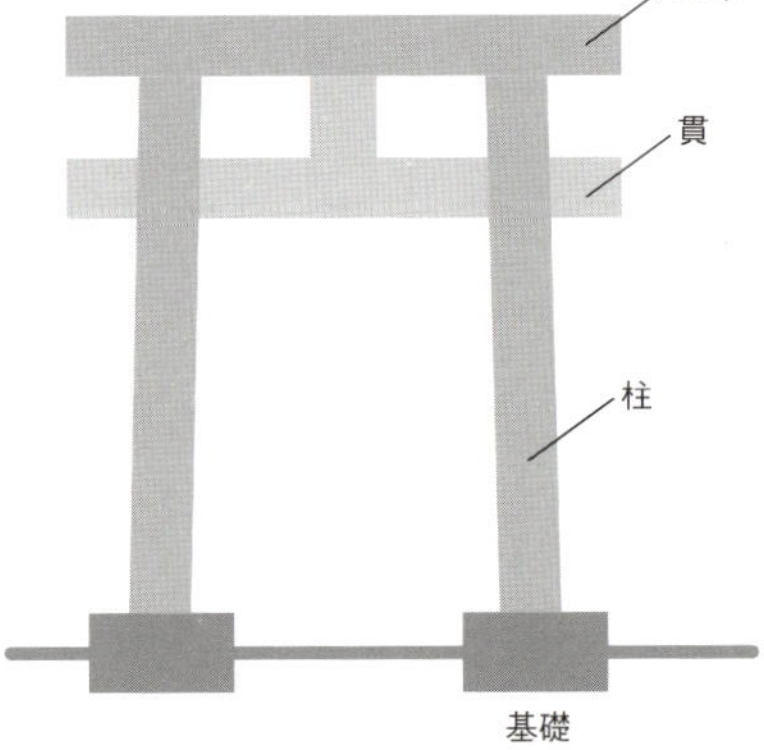

（福井）

移動中　柱を固定するために角材で両側から挟んでいる

（東京）

鳥居が傾かないように、大きな台座をつくり、笠木を縛って固定している

細くて高い三重塔（富山）

寺院の増築のため、高さ約30メートルの三重塔を敷地内を縫うように70メートル動かすことになりました。塔は細くて高い建物です。重さもあるため、倒壊しないように細心の注意が必要です。

後ろから　レールの上に黄色い4台のジャッキが見える

塔の移動の前に進路の地盤を固めることと、移動先の基礎の準備が必要で、この塔の場合は、約1か月かかりました。

　心柱がある場合は、それを支えながら塔の下にある石の基礎から持ち上げます。

　基礎の石ごと移動するので約500トンほどの重さがあります。そのため、塔をフネという台に載せ、4台のジャッキを使って押します。道レールの上に直径6センチ、長さ90センチくらいのコロ（鉄の丸い棒）を置きます。1つのフネに7から8本のコロが必要です。コロがフネから外れるたびに作業員がコロを前に持って行くという地道な作業を繰り返すため、1メートル動かすのに20～30分かかります。

　移動には20日くらいを要し、準備や移動後に建物を下ろす作業などを含めると、3か月くらいの期間がかかりました。

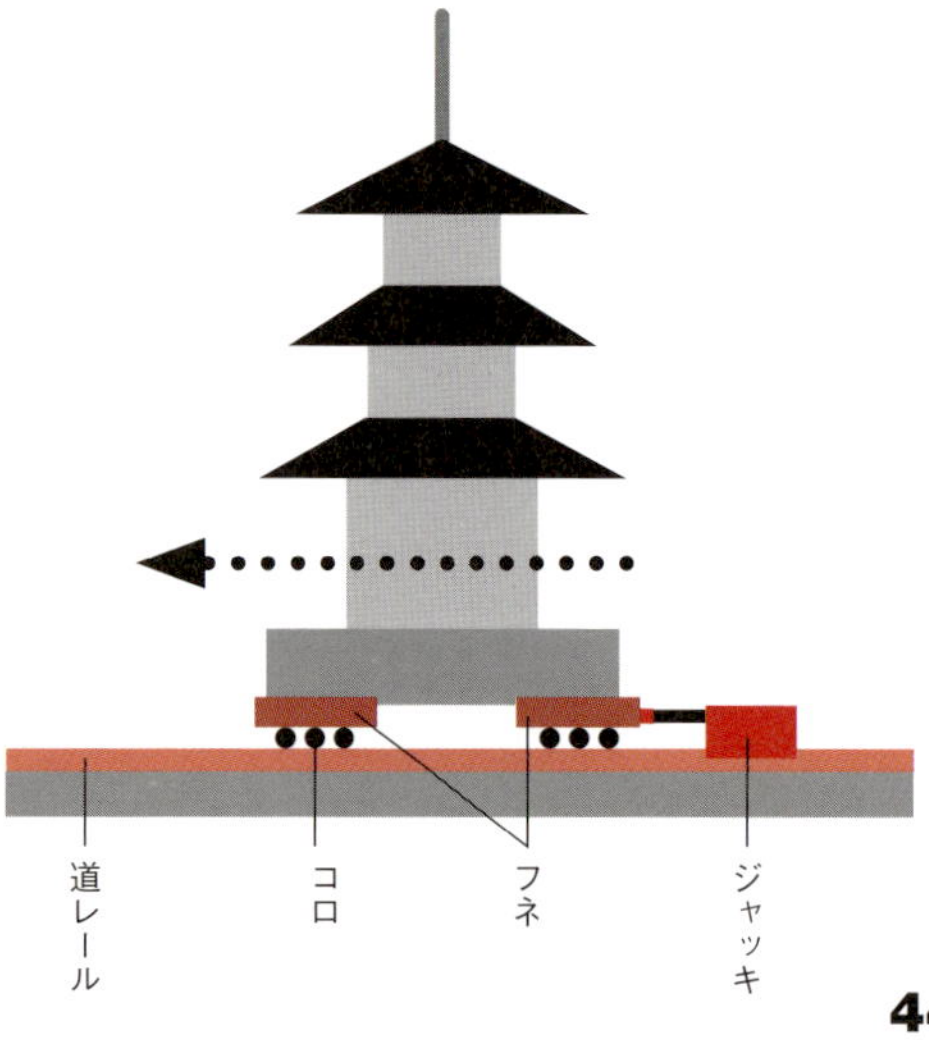

進路に鋼材を並べて地盤を補強し500トンの塔が進む

水平な道をつくるために
枕木とレールの隙間に
板などを挟んでいる

水平に移動させる
職人の技

レールと建物の間にはコロ（鉄製の棒）とフネ（鉄製の台）

移動するために重要なことは、建物の水平を維持したまま動かすことです。このためには移動用のレール（道レール）が完全に水平でなければなりません。

土の上を移動する場合は、地盤の状態と建物の重さによって道レールが沈むことがあります。これを感じ取って調整しながら移動していかなければなりません。これは職人の経験と勘が重要になってきます。

重いコンクリートの建物などの場合は、移動する道にあらかじめ平らにコンクリートを打っておく（耐圧盤）こともあります。

鉄骨造の大空間の工場

鉄骨やコンクリートでできた大きな建物も、曳家の技術を使って動かすことができます。３階建ての鉄骨造の工場を移動することになりました。木造とは比較にならない巨大で重い工場の移動は一大プロジェクトです。

工場や倉庫などは、鉄骨でつくられているものが多く見られます。敷地内に事務所用の建物を新設するため、鉄骨造の工場を１２０メートルほど移動することになりました。

大きな建物では、建物を基礎ごと移動させる場合と、基礎から離して移動させる場合がありますが、この建物は基礎から離して移動しました。

この工場は1階がコンクリートの土間だったので、柱の周囲のコンクリートや土などを取り除き、建物と基礎を固定していたボルトをはずしました。大空間なので、移動中に柱と壁がゆがまないように、内部で柱と鋼材を結束し、建物を固定してからジャッキアップします。重量が１００トンを超える建物の場合、構造にかかわらず、大半はコロに載せて移動させます。

柱ごとに道レールを設置し、その上を約２０００トンの重さの建物がゆっくりとスムーズに動いていきます。移動中に2階、３階では業務をそのまま行うことも可能です。

最後に新しい基礎の上に載せ、アンカーボルトで固定して移動終了。

ジャッキアップまでの準備作業に15人で20日、その後の移動に15人で20日を要しました。

2000トンの工場を120m移動する

（富山）

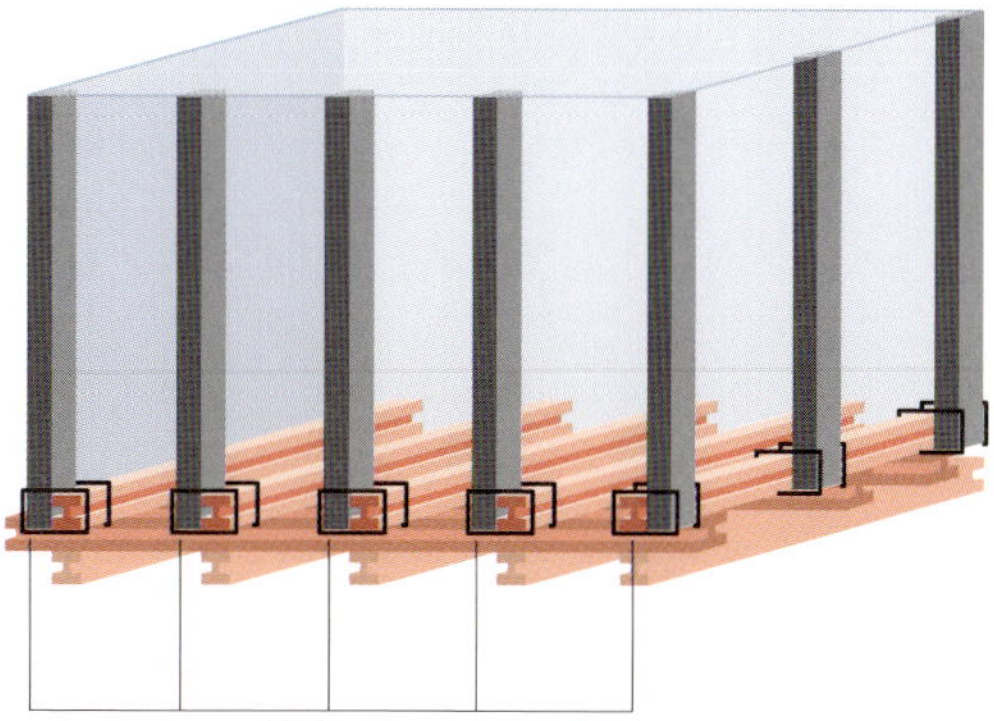
大空間の工場を碁盤の目状に組んだ鋼材に載せて移動させる
建物内部で柱と鋼材を結束する

レールの上に設置したジャッキで一斉に押す

90度回転の途中

これも工場の移動です。３階建ての規模が大きな鉄骨造の工場を、一般道も利用しながら約400メートル動かすことになりました。1階はコンクリートの土間になっているため、建物と切り離します。

体育館のようにも見えますが、2階と3階の床はコンクリートなので重く、重量は約3000トンです。

前ページの事例と同じように、建物の内側の柱を利用して補強用の鋼材を取り付けています。そのため、外壁には傷ひとつ付きませんでした。

長距離の移動は直線だけではなく、２箇所で90度曲がり、とても大がかりな作業でした。

３か月かけて準備、移動、設置の作業を終えました。

ここから回転して50m移動し目的地へ

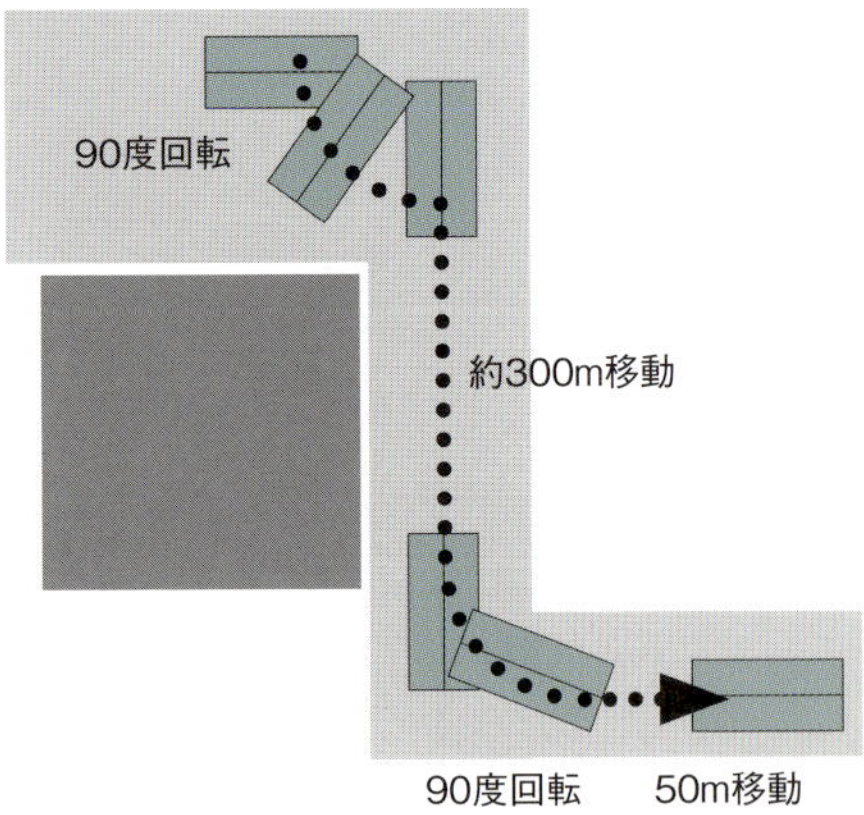

COLUMN

回転する家

赤い円で囲んだところが支点

右ページでは工場が90度回転しました。ここでは住宅を回転させた例を紹介します。回転の場合は、支点と道レールづくりが重要です。

回転の支点（軸）にはベアリングの入った茶玉という道具を使います。上の写真では赤い円で囲んだところに茶玉を設置して支点にします。次に短いレールを少しずつ角度を変えて円状につなげて道をつくります。

移動にはローラーを使っているため比較的スムーズに移動できます。ローラーは上下で向きを変えることができる仕組みなので、下部は進行方向を向き、上部は常に支点を向いています（下部と上部は90度の角度）。コロの場合は常に支点に向けるように手作業で置き換えなければならないのでとても大変です。

ベアリングの入った茶玉を支点にする

短いレールをつなぎ合わせて曲線をつくっている

1500トンのビルを基礎から動かす（兵庫）

鉄筋コンクリート造など、重量のあるビルの場合は、建物を基礎と一緒に動かすため、基礎の下まで穴を掘り、その下にレールを設置して移動します。

建物を基礎ごと移動させるためには、基礎の下にレールとジャッキを設置するスペースを確保する必要があります。

そのためには、建物の周囲から穴を掘る場合と、床をはずして穴を掘る場合があります。後者の方が作業しやすく、床の補修を含めても安い費用ですみます。ただし、玄関やトイレやタイル張りなど手のこんだ工事が施された箇所の床はそのまま残して、隣の部屋から掘り進めます。

これは、鉄筋コンクリート造で面積100坪弱、総重量1500トンの2階建てのオフィスビルを区画整理のため約50メートル移動した例です。

事務所スペースの床を壊して穴を掘り、基礎の下に移動用のレール（道レール）を敷き、コロの上に建物を載せます。建物を油圧ジャッキで押して（1回で50センチ移動）、その動きに合わせて作業員が一番後ろのコロ1本を前に移動、その作業を繰り返します。

穴を掘りジャッキアップをする移動準備期間に1か月、移動に約20日かかりました。

ジャッキアップしやすいように基礎の下面を平らにする

床に穴を開け、基礎の下まで掘る

横押し用の油圧ジャッキで50cmずつ押していく

コロは移動にあわせて作業員が1本1本運ぶ

軟弱な地盤に建つ複雑な形の学校（千葉）

鉄筋コンクリート造の不整形な校舎を、新校舎を建てるために動かすことになりました。不整形の建物の移動は、力が均等に掛からないため難しく、高い技術が必要です。

この学校が建つのは、海に近く地下水が近くまできている地域で、地盤も弱い場所のため、まず地下水を汲み出し、水位を約3メートル下げる工事を行いました。

この建物の場合も、前の鉄筋コンクリート造オフィスの事例と同じように、基礎ごと移動するために、建物の下を2メートル50センチくらい掘りました。

建物の総重量は3000トン。基礎の下に約12本の道レールを敷設し、ジャッキは全部で40から50台設置しました。地下水の水位は下げましたが、地盤が建物の重さに耐えるように、建物の進路も地盤強化をする必要があります。そのための耐圧盤として約20センチの厚さでコンクリートを打ちました。

建物をコロの上に載せ、ジャッキで押します。作業員は建物の下に入ってコロを1本ずつ移動させながら動かします。建物の向きも、コロを置く角度を調整して変えました。

移動が終了したあとは、移動のために作ったコンクリート（耐圧盤）を取り除き、土を埋め戻します。

職人が各所で道具の設置、確認などの作業を行う

移動する様子を後方から見る

移動先の基礎コンクリート工事

建物の進路の地盤を強化するための耐圧盤工事

大空間の体育館

単純な四角い形の体育館。鉄骨造と鉄筋コンクリート造の体育館の事例です。まず体育館ならではのスプリングなどが設置された床を取り外します。建物と基礎を一緒に移動する場合と、切り離して移動する場合があります。

下の写真は鉄骨造の体育館の移動の事例です。

床を剥がすと、床を支えていた木材が並んでいるのがわかります。その上に、鉄骨の柱の位置ごとに鋼材を設置しているのが見えます。この鋼材をジャッキアップして、道レールを使って移動させせます。

左ページ上の体育館は、基礎のコンクリートごと移動しました。

このように大きな建物も、技術的にもスケジュール面でも基礎ごと移動することを選択することが多いようです。

鉄筋コンクリート造の場合は、コンクリートの柱と基礎が一体になっているため、基礎ごと動かすことが多いのですが、左ページ下の体育館では、建物の周囲を掘る際に大量に出る土を置く場所がなかったため、建物と基礎を切り離して移動することにしました。

ジャッキアップから移動作業、新しい基礎に下ろすまで約3か月を要しました。

鉄骨造の体育館（新潟）

鉄骨造の体育館がレール上を移動中

床を外し鋼材を縦横に設置した状態

鉄骨造の体育館（千葉）

基礎ごと掘りジャッキアップを終え、これから移動する

移動の様子

ジャッキアップした状態

鉄筋コンクリート造の体育館（島根）

鉄筋を残して基礎と建物を切断

フィリピンで巨大タワーを1キロ以上動かす

（フィリピン）

上部が重く不安定に見える塔形のジブクレーン。経験豊富な日本の曳家職人が現地に赴き、解体することなく移動することができました。

フィリピン・セブ島の炎天下で、総重量３００トンの塔形のジブクレーンを１２８５メートル移動しました。上部にクレーンが付いているため頭部が重く、移動の際に傾きやすく危険です。そのため、次ページの写真のように、クレーンを20度傾け、そのクレーンに15トンの重りを吊るしてバランスをとっています。

現地にはこのように巨大なクレーンを移動させる技術がなく、この工場でタワー等を移動させる場合には日本に依頼が来るのです。

このケースでは日本人スタッフを３人派遣し、現地の職人が50人で作業をしました。移動の作業は30日くらいを要しました。

移動用の道レールを３箇所に設置し、コロの上に載ったタワーをワイヤーで引っ張ります。

現地の職人とのチームワークも重要ですが、クレーンを支えたり、レールに使用するＨ形鋼などを現地で調達することにも苦労しました。

ジブクレーン：旋回できる機体から突き出した斜めのジブ（腕）や水平の片持ばりをもつクレーンの総称

現地の職人と協力して移動のための道をつくる

ウィンチで引っ張っる　左はウィンチのワイヤー

50キロのレール3本セットを4箇所に設置

目的地に到着しジャッキダウン

移動中　タワーの下にフネ、コロ、そしてレール

イチョウの巨木を高台へ（新潟）

曳家の技術を使って動かすのは建築物だけではありません。町のシンボルツリーを動かしたりするときも、曳家職人の出番なのです。

ダム建設の予定地となったため、町の人びとに愛されてきた樹齢２００〜３００年とみられるイチョウの巨木を高台へ移植することになりました。

高さ約25メートル、幹回りは約9メートル。大きく張った根を傷つけて枯らさないように慎重に掘り起こします。また、掘った後はブルーシートで根の部分をていねいに包みました。

重さ約３００トンの巨木を水平距離で約１００メートル、そして9・3メートル上部に移動させます。急傾斜地のため、レールを設置してイチョウを台座に載せ、油圧ジャッキを使いながら、約1か月かけて垂直移動と水平移動を4回繰り返し、高台に移しました。

移動の際に木が倒れないように、そして根を傷つけないように細心の注意をはらいました。

根のまわりを掘り起こす。傷つけないようにブルーシートで根の部分を包む

雨の中、慎重に作業を進める

水平移動がはじまる。この後、傾斜地を上る

津波で陸に打ち上げられた船を海に戻す（宮城）

東日本大震災は、広い範囲で多大な被害をもたらし、津波によって多くの船が陸に打ち上げられました。横たわった船を曳家の技術で海に戻すことができました。

津波で陸に打ち上げられ、岸壁から40メートルのところに横たわっていた曳船（自力で航行できない船などを引く船）が発見されました。船の持ち主はクレーンでの移動を考えましたが、そのためには屋根部分を壊さなければ引き上げられません。

困っていたところ、知人から曳家の工法で岸壁まで引くことができるのではとアドバイスを受け、持ち主は曳家業者に相談することにしたそうです。

相談を受けた曳家業者は、横たわった船を起こして移動するという経験はありませんでした。船は重量は65トンで、複雑な形の船底をしています。試行錯誤しながらも、鋼材と木材を使ってジャッキアップし、船を立て直して40メートル離れた岸壁まで4日かけて運ぶことができました。

そこからはクレーンで吊り上げ、海に無事戻りました。護岸で船を修理し、現在持ち主は海での仕事を再開しています。

ウィンチを使って船を引っ張る

船底の形にあわせて枕木を組む

海に戻るまでもう少し

COLUMN

地下を進む

鉄筋コンクリートの建物などを移動させる場合、基礎の下まで掘って、さらに移動先まで掘り進み、ジャッキと移動用の道レールを設置し、地下を水平に移動します。

地下に部屋がある建物でも、この方法で移動が可能です。

68ページの事例でも、建物の大きさ、重量を検討して、地下を掘り進める予定でしたが、移動途中に遺跡があることが分かったため、建物と基礎を切り離して、地上を移動することになったそうです。

保存のための移動

築120年の大切な講堂（島根）

地元の人たちが寄進した材木でつくられた木造の講堂。大切に使われてきましたが、建物自体が古くなったため、新しい講堂を建設して、この建物は移動させて新たに学習交流施設として使用することになりました。

築120年の木造の講堂。重量は約300トン。

もともとしっかりしたつくりであったことと、ていねいに使われていたため、移動の際、壁などを補強する必要はありませんでした。

まず建物と基礎を固定していたボルトを外し、短辺方向、長辺方向の土台の下に、レールを入れていきます。次に講堂を60センチくらい上げます。地面は200メートルほどゆるやかに下っているので、水平移動のあと2メートル下ろすことになります。それに合わせた道レールづくりに苦労しました。

準備から移動まで2か月ほどかかり、延べ300人くらいが作業しました。

学習交流施設として保存活用するにあたって、建物の修繕や改装が必要です。これは、新しい基礎に移した後に施工会社が行いました。

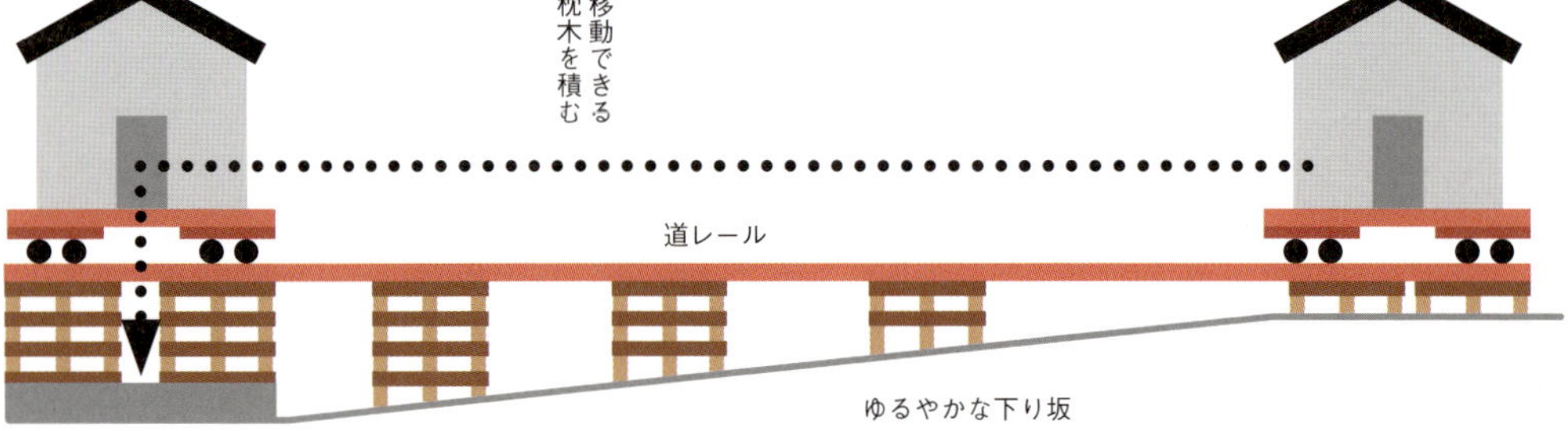
水平に移動できるように枕木を積む
ゆるやかな下り坂

ゆるやかな下り坂を移動させる。レールを水平に設置するため、枕木を井桁状に何層にも重ねた

床を外し大空間を固定するために、縦横に鋼材を設置

土台の下に鋼材を入れるのは職人の手作業

市街地に建つ登録有形文化財の建物（熊本）

移動先までの間に遺跡があり、穴を掘って基礎ごと移動することはできません。そのため、建物の基礎と１階部分を切り離してコンクリートの耐圧盤を設置して、地上を移動させることになりました。

市街地の大学構内に建つこの建物は、記念館として昭和初期に建てられました。構内に新たに診療所棟を建設するため、48メートル移動することになりました。

建物のすぐ脇にある樹齢70年の大学のシンボルツリーを傷つけないように、建物を斜めに移動しなければなりません。

まず、基礎と建物を切り離し、移動先に新しい基礎をつくりました。

鉄筋コンクリートの建物の場合、建物と基礎部分が一体になっているので、通常は建物のまわりに穴を掘って移動するための道レールを設置します。

しかしこのケースでは、移動先までの間の地下に遺跡があるため、穴を掘って移動させることができませんでした。そのため、基礎と建物を切り離して地上を移動させることになりました。

建物の重さは約２６００トンあり、１００トン用のジャッキを56箇所に設置して1・6メートルジャッキアップしました。

全体の工期は4か月。

重量があるため、木の枕木ではなく鋼材を使用し、またコンクリートの耐圧盤を設置して、その上を移動させました。

建物と基礎をワイヤーソーで切断

移動、回転を終え、新たな基礎に下ろす

耐圧盤となるコンクリートを移動進路、移動先に打設。手前に見えるのが新たな基礎

耐圧盤の上に敷いた道レール上を進む

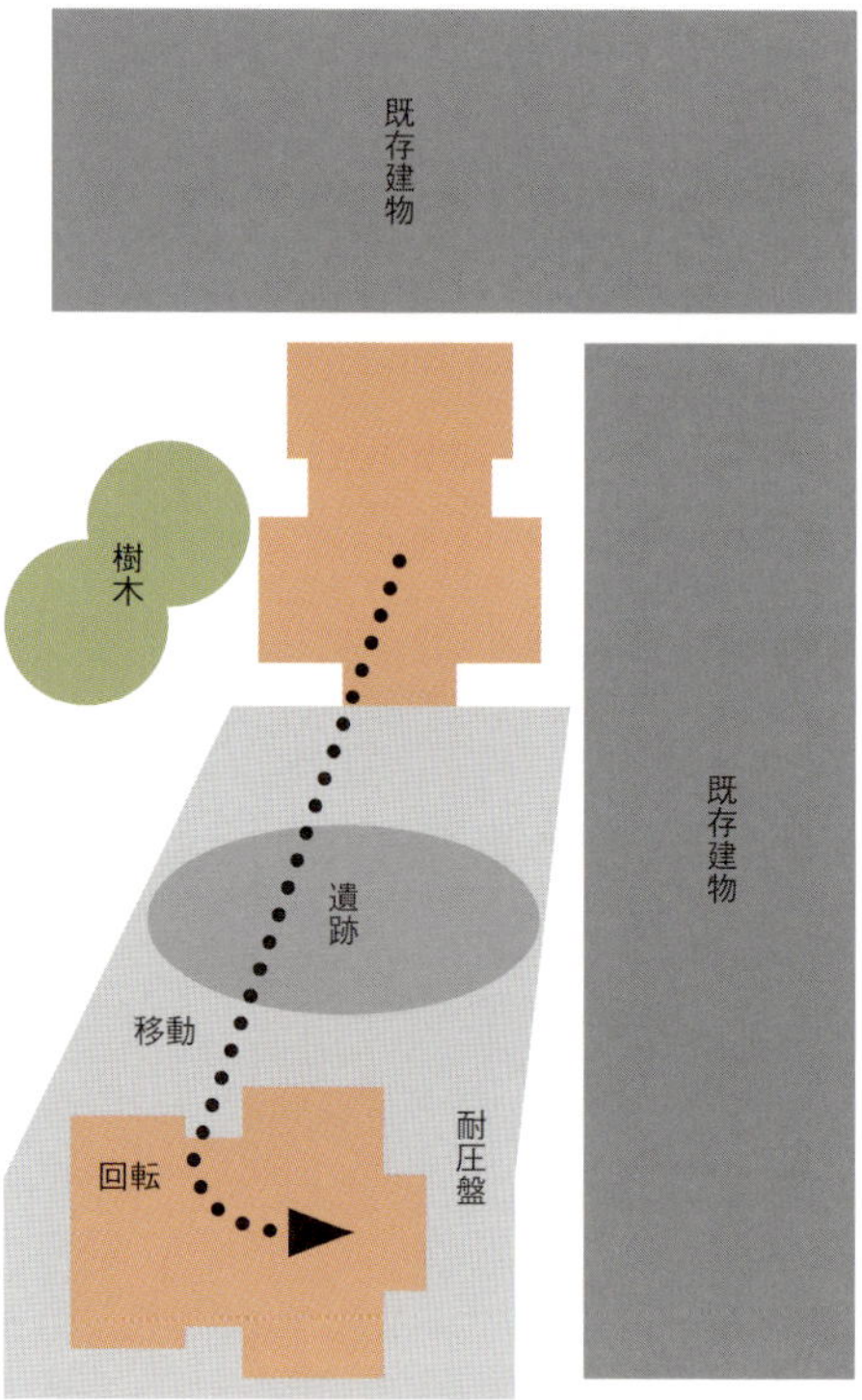

曳家工事終了

建物を守る

液状化現象で傾いた家を救う

東日本大震災による液状化現象で、多くの住宅が被害を受けました。
地盤の沈下修正は、曳家工事のジャッキアップの技術をもとに始まりました。全国から曳家職人たちが集まり、修復作業に奔走しました。

東日本大震災のあと、広い地域で地盤の液状化現象が見られ、地盤沈下が大きな問題になりました。今もなお傾いた家で不自由な生活を強いられている人もいます。

曳家業者が全国から集結し、被害にあった地域の復旧作業に取り組みました。

復旧・修繕の方法には、沈下や地盤の状況によって、主に３つの工法があります。

不同沈下（液状化）の例

不同沈下（液状化）の例

工法❶ 基礎と土台を切り離し沈下を修正する

比較的沈下が少ない（10センチ程度まで）ときに施工する工法です。沈下している箇所の土台と基礎の間にジャッキをセットしてジャッキアップしたあと、パッキンを挟みモルタルを注入して沈下を修正する方法です。沈下が10センチ以上の場合は、工法❷か工法❸を行います。

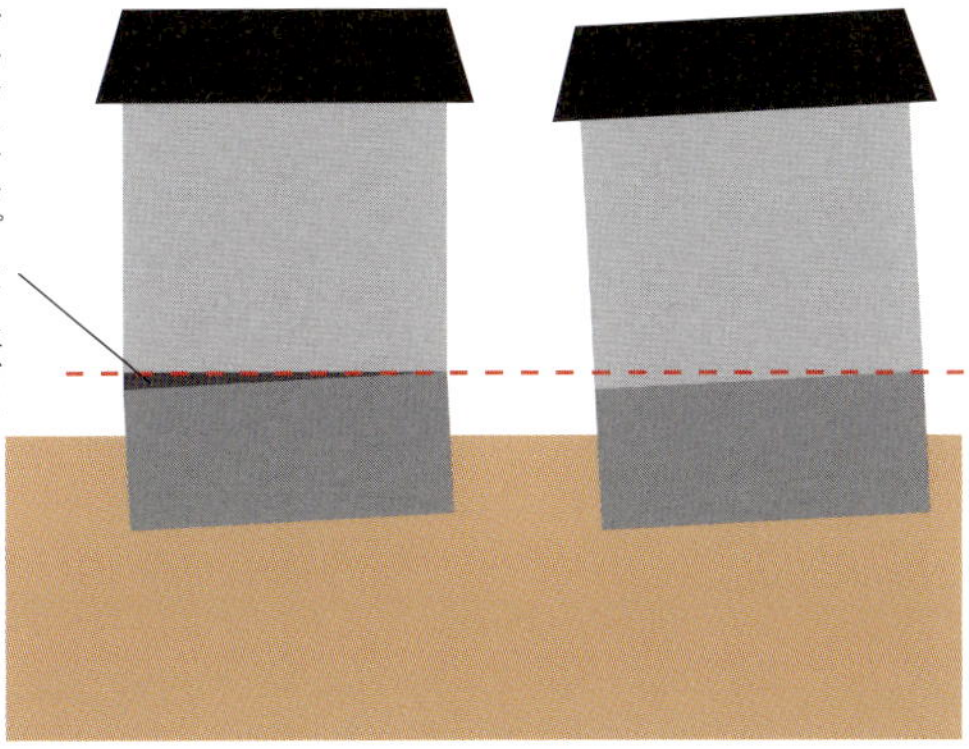

既存コンクリート解体

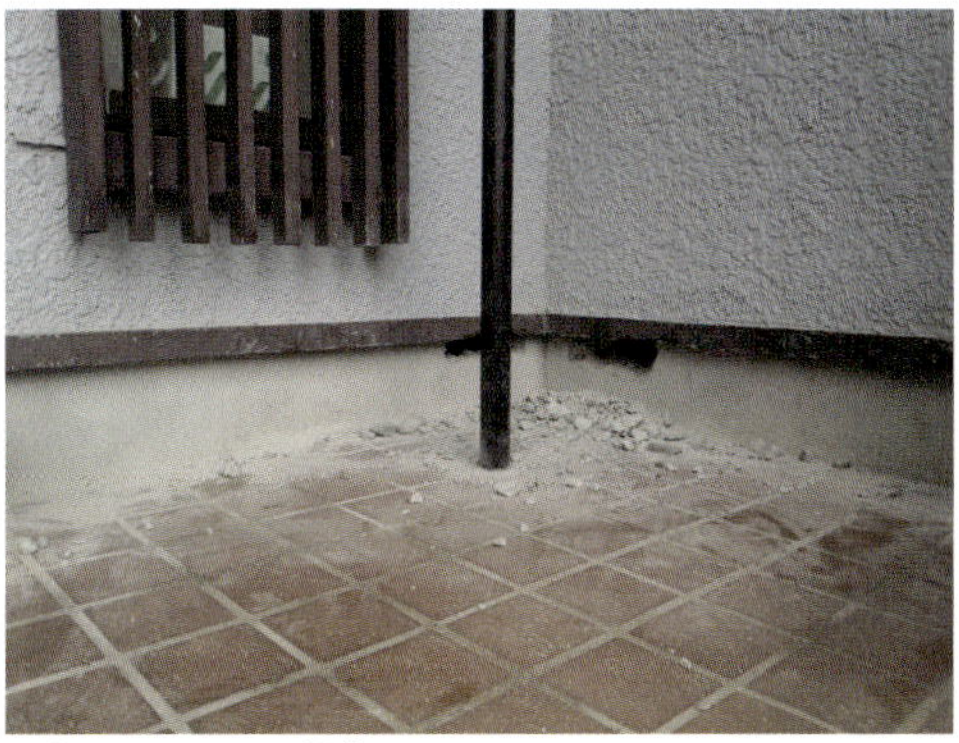
既存コンクリート解体

土台と基礎の間をジャッキアップ

ジャッキアップ

土台と基礎の隙間にモルタルを充填

完成

工法② 基礎下に耐圧盤を設置し、ジャッキで基礎から持ち上げ沈下を修正

基礎の下を掘って鉄板やコンクリートなどで耐圧盤を作成します。次にジャッキを掛け基礎から持ち上げ沈下を修正し、生コン、モルタルミルクを充填し、隙間を埋めます。

家屋を支える地盤に深く鋼管杭が圧入できないときに施工される方法。

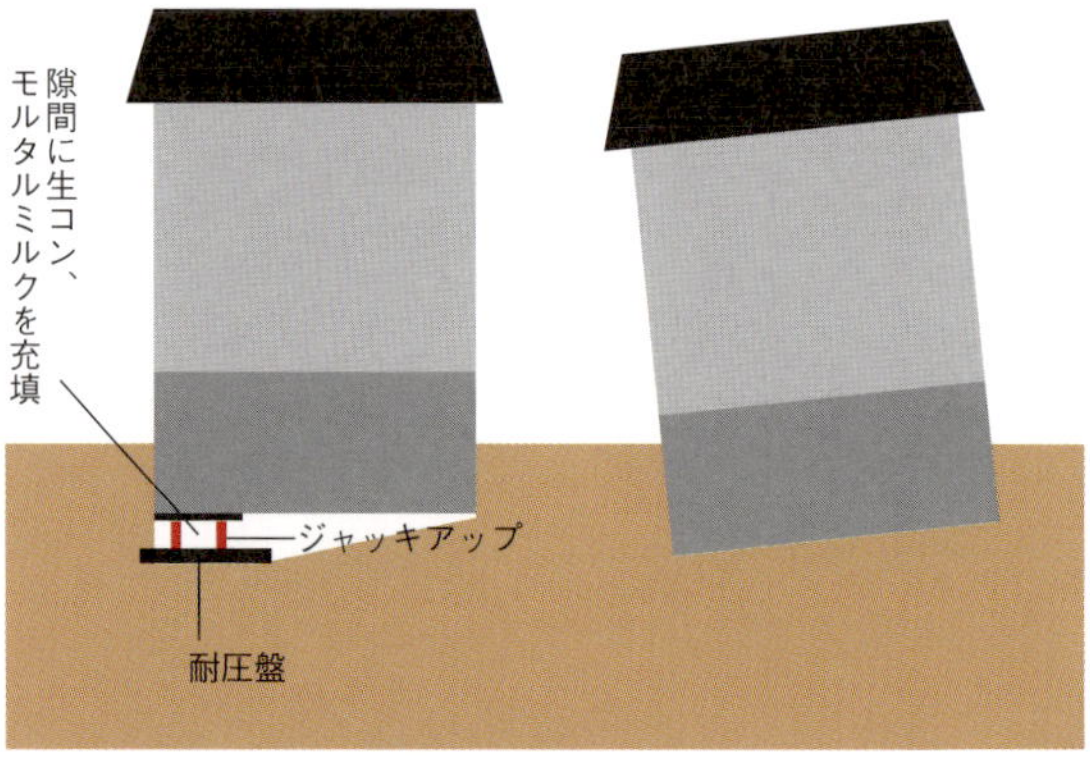

コンクリートを充填

外部掘削

モルタルミルク注入の準備

内部掘削

モルタルミルクを注入

ジャッキアップ

工法③

鋼管杭を圧入して沈下を修正する

建物の必要な場所に作業空間を作り、ジャッキにより、建築物の重量を反力とし、鋼管を順次継ぎ足して固い地盤まで圧入し、鋼管杭を形成します。

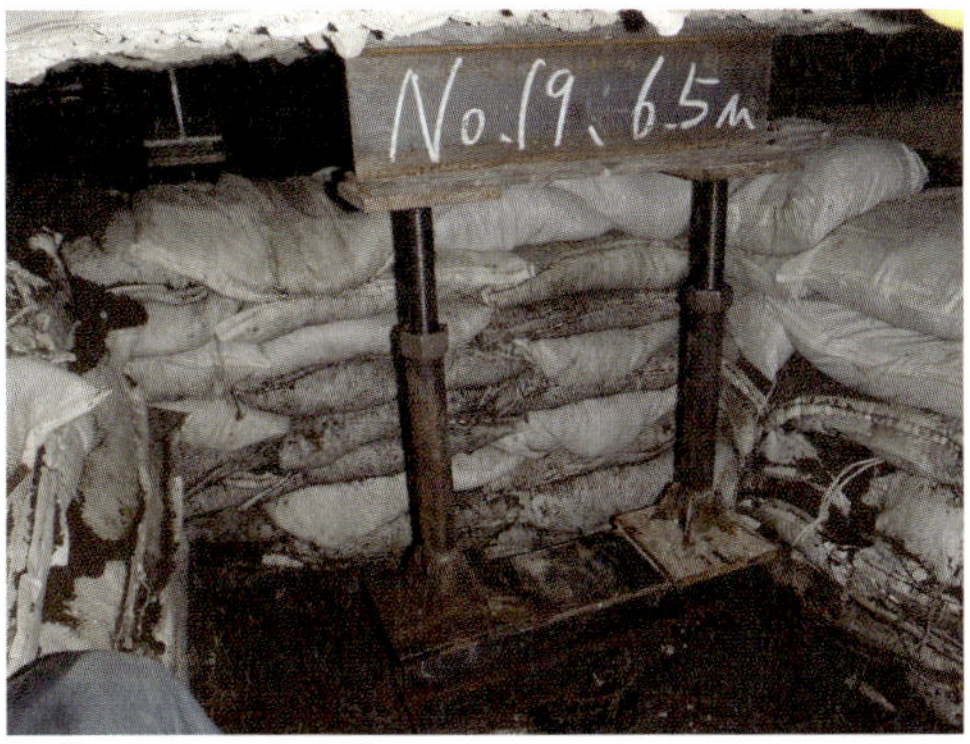

サポートジャッキ定着

既存コンクリート解体

コンクリート打設

鋼管杭圧入

床下の束を調整

ジャッキアップ

免震装置を設置する

地震国日本では、日常的に「免震」という言葉が聞かれ、免震装置を備えた新築マンションも登場しています。曳家の技術を使えば、木造住宅や移動することになったお寺にも、後から免震装置等を設置できます。

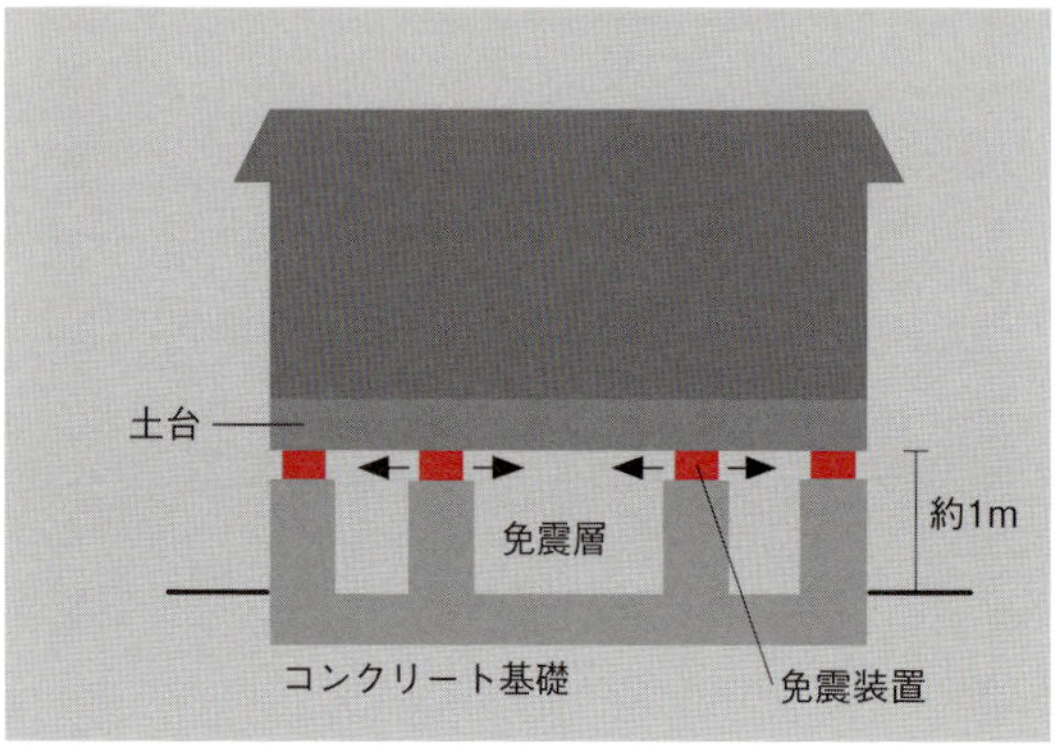

免震とは、地震の力を抑制して建物の破壊を防ぐことです。新築の建物の免震工事は、基礎と土台の間に震動を吸収するためのダンパーなどの免震装置を設置します。

既存建物の場合は、建物と基礎を切り離して、その間に免震装置や揺れを軽減する減震装置を設置することになります。それらすべてを曳家工事で行うケースがあります。

左ページ上のお寺は、敷地内を移動させることになり、その際に地震のことを考え、新たに免震装置を取り付けることになりました。

建物の総重量は250トン。15トン用ジャッキ24台を使用してジャッキアップしました。移動先にあらかじめコンクリートで免震スペースのある基礎をつくり、免震装置を設置。その上に載せたコンクリートの土台の上に、移動してきたお寺を下ろします。

準備に10日、上げるのに1週間、敷地内を縫うように移動したため15日、下げるのに1週間くらい要しました。

左ページ下の住宅の場合、建物をジャッキで上げてから、減震装置を設置するための基礎工事を行います。基礎は普通は狭いのですが、メンテナンスのために人が入るスペースが1メートルほど必要です。

お寺に免震装置を設置（東京）

敷地内を移動することになったお寺は地震対策のため、移動先に基礎を作る際に免震工事も行った

免震層を備えた基礎の上にお寺を載せる

住宅に減震装置を設置（栃木）

コンクリートに開けた穴が作業スペースへの入口になる

装置を据え付ける

地震後に基礎修復

上げている間に基礎を直す

（石川）

建物上部はしっかりしていても基礎が傷んでしまった場合には、まず建物をジャッキアップして、基礎を作り直します。このお寺は地震のため、建物自体も傷んでしまいました。

神社・仏閣の場合は住宅と違って土台がなく、柱が基礎石の上に載っているものが多く見られます。

このお寺は地震のため地盤が割れ、建物の基礎石の位置もずれてしまい、柱の間隔もところどころ開いてしまいました。このため、建物を上げて鋼杭を入れてコンクリートの強固な基礎をつくることになりました。

まず床下の柱と交差して入れた鋼材を締結して全体をジャッキアップします。上げるまでの準備に約1か月要しました。このような基礎工事をする際は、作業しやすいように、通常１５０センチ以上は上げますが、このお寺は総重量が５００トンもあるため、１００センチだけ上げて基礎工事を行いました。また床下に入れて、柱を補強する鋼材も通常より太いものを数多く使いました。

必要な箇所に50トン用ジャッキを58台設置して、一括で操作できる油圧ユニットで全体のバランスを考慮しながらジャッキアップします。１００センチ上げるのに、約20日かかりました。基礎工事の完成後、建物を新しい基礎に慎重に下ろします。その際に建物の開きを直しました。

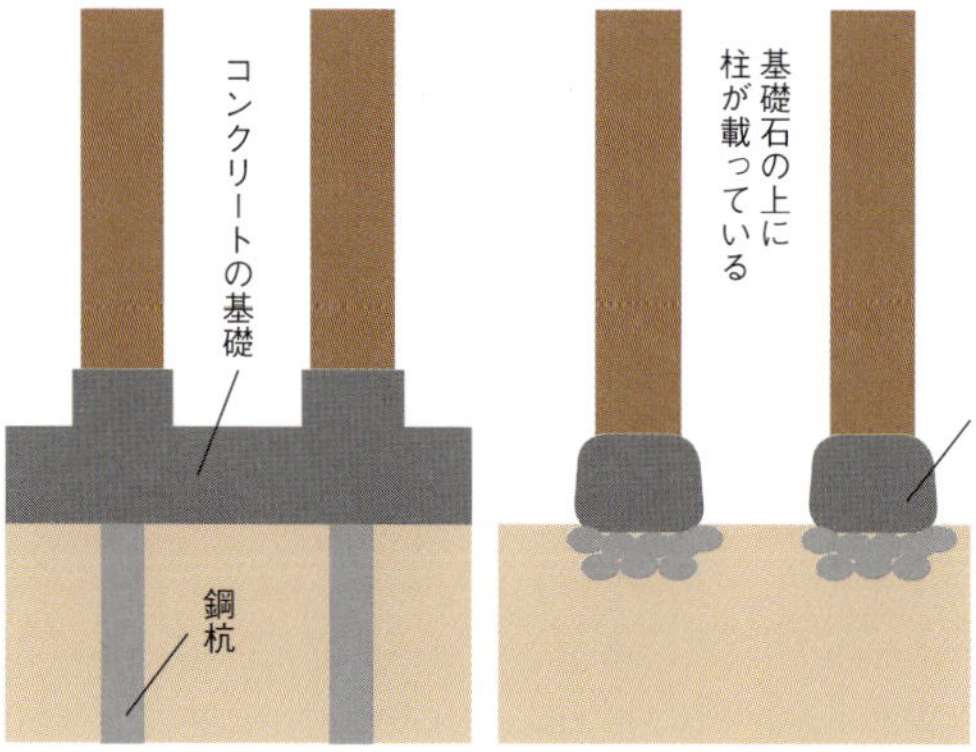

長年の傷みに加えて地震による被害を受けたが、曳家の技術で建物が守られた

木材とレールで建物を固定する

橋桁の沈下修正

折れ曲がった橋を修復する

（広島）

大雨の後、川底の土砂が洗われ橋が折れ曲がる被害がありました。ここでも曳家の技術が活躍しました。

車が毎日行き来するコンクリートの橋。水害で橋脚の下の土砂が洗われました。そのため、1本の橋脚が沈下し、コンクリートの橋桁に亀裂が入って折れ曲がり、通行できなくなってしまいました。

まず曳家業者が橋桁と橋脚の間にジャッキと鋼材を設置し、ジャッキアップして橋桁を平らにしました。

沈下した橋脚の下の地盤を固め、橋脚を補強する作業は建設業者が行いました。

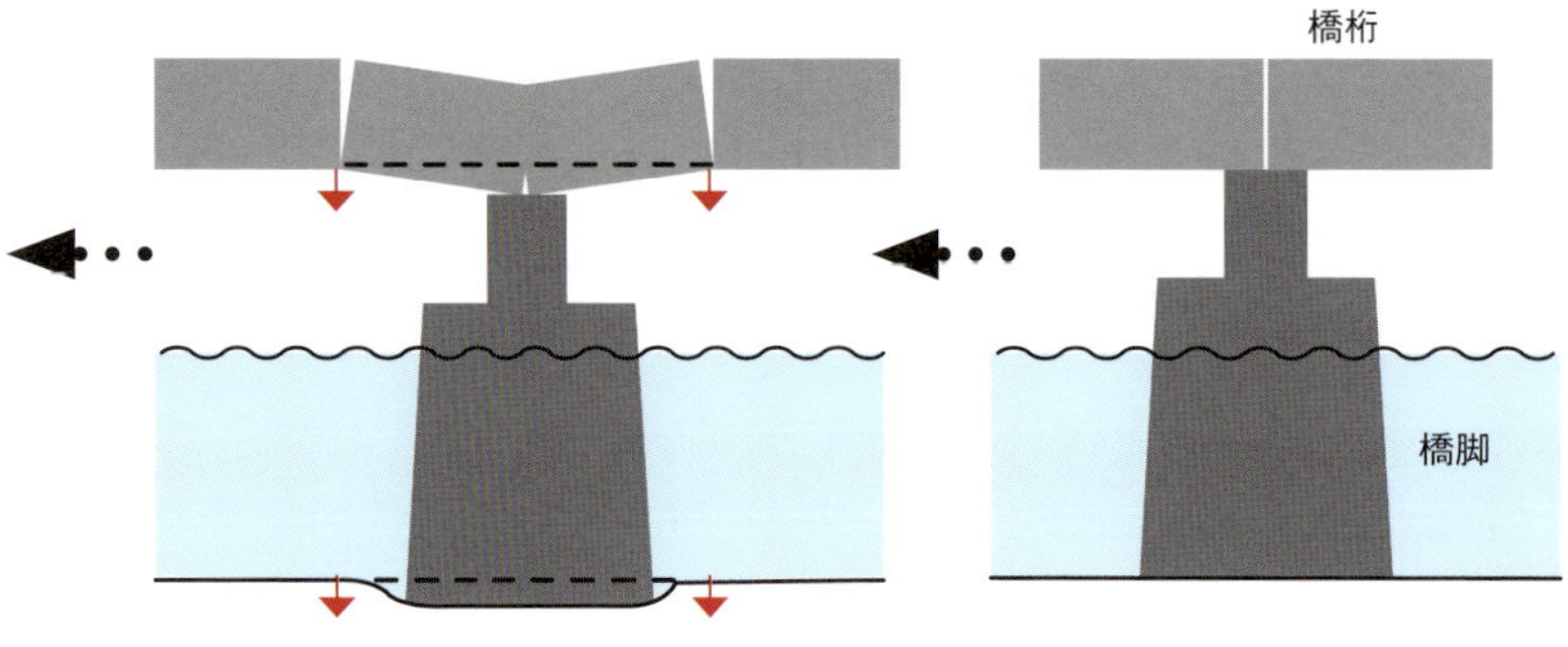

水害により橋脚が沈下　　もとの状態

橋脚が沈下して橋桁が折れ曲がってしまった

ジャッキと鋼材で橋桁を水平にする

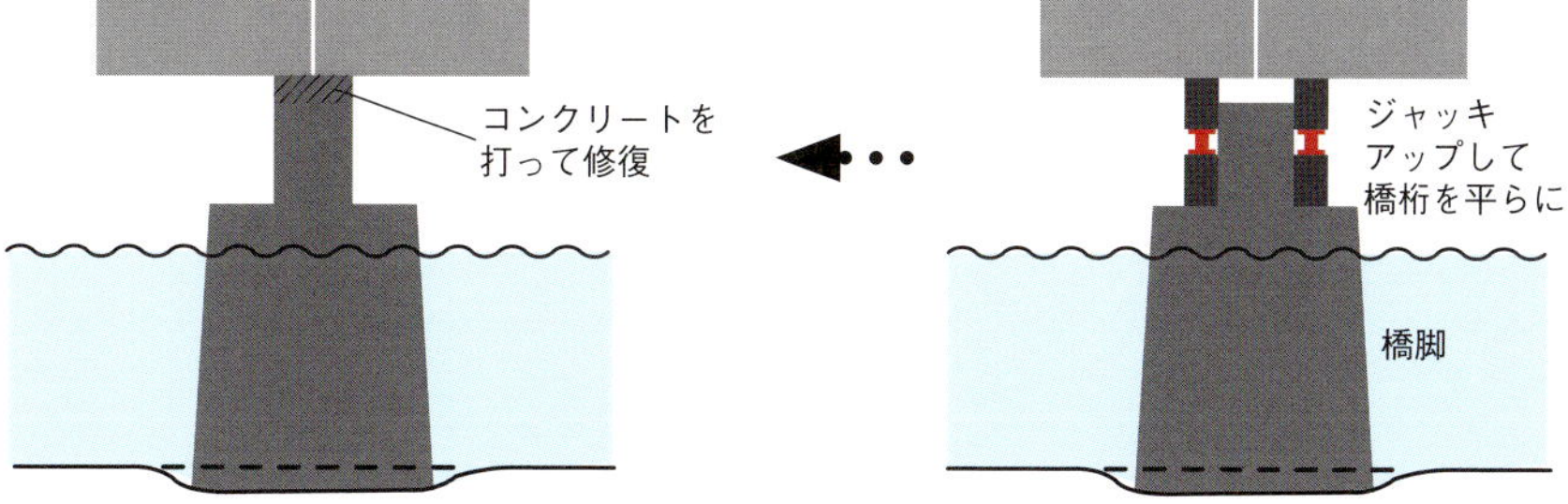

地盤を固める、橋脚の補強は建設業者が担当した

地面から離す

建物を移動させるためには、まず建物を地面から離す必要があります。

木造住宅の場合は、基礎に穴を開けて鋼材を縦横に入れます。その鋼材で建物の土台を支えてジャッキで押し上げます。

寺社などのように柱が基礎石に載っている場合は、柱から持ち上げることになります。

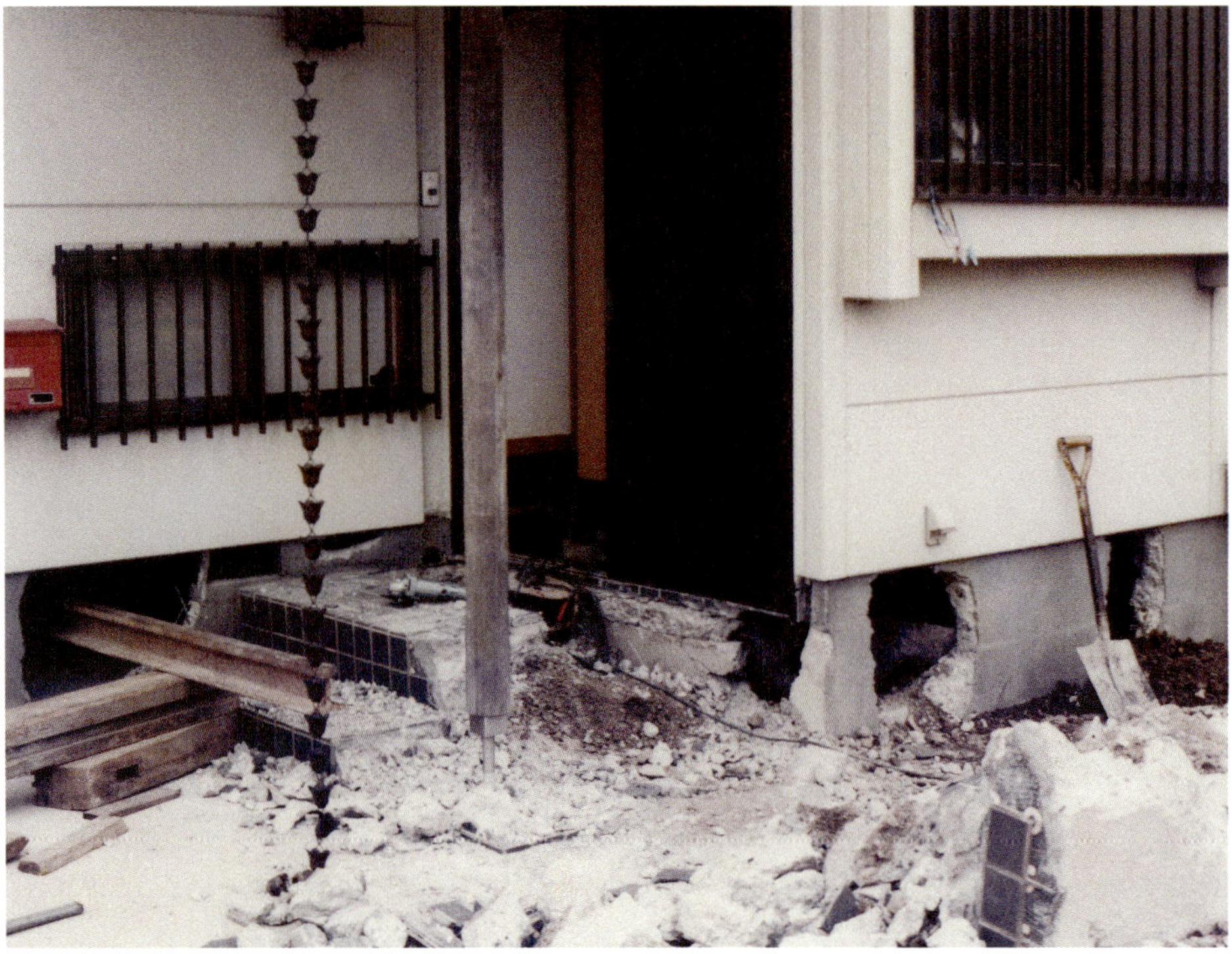

基礎に穴を開ける

鉄筋コンクリート造や、重量鉄骨、軽量鉄骨住宅、ハウスメーカー住宅など、建物と基礎を切り離すことができない場合は、基礎の下まで穴を掘り、建物を基礎ごと移動します。

基礎の下まで穴を掘る

【建物を上げる】

基礎や土台を押し上げる

ジャッキ

建物と基礎を離した後は、土台の下に入れた鋼材の必要な箇所に必要な数のジャッキを設置します。次に油圧ユニットで複数台のジャッキを制御し、水平を維持したまま建物を上げていきます。ジャッキには15トン用、20トン用、その他にも多くの種類があります。20センチ程度伸縮し、そのたびにジャッキの設置を繰り返します。それ以上伸縮できれば効率的ですが、安定感がなくなります。例えば、100トンの建物では20トン用ジャッキを6台設置します。通常ジャッキの能力の70から80％で使用します。

柱をつかんで上げる

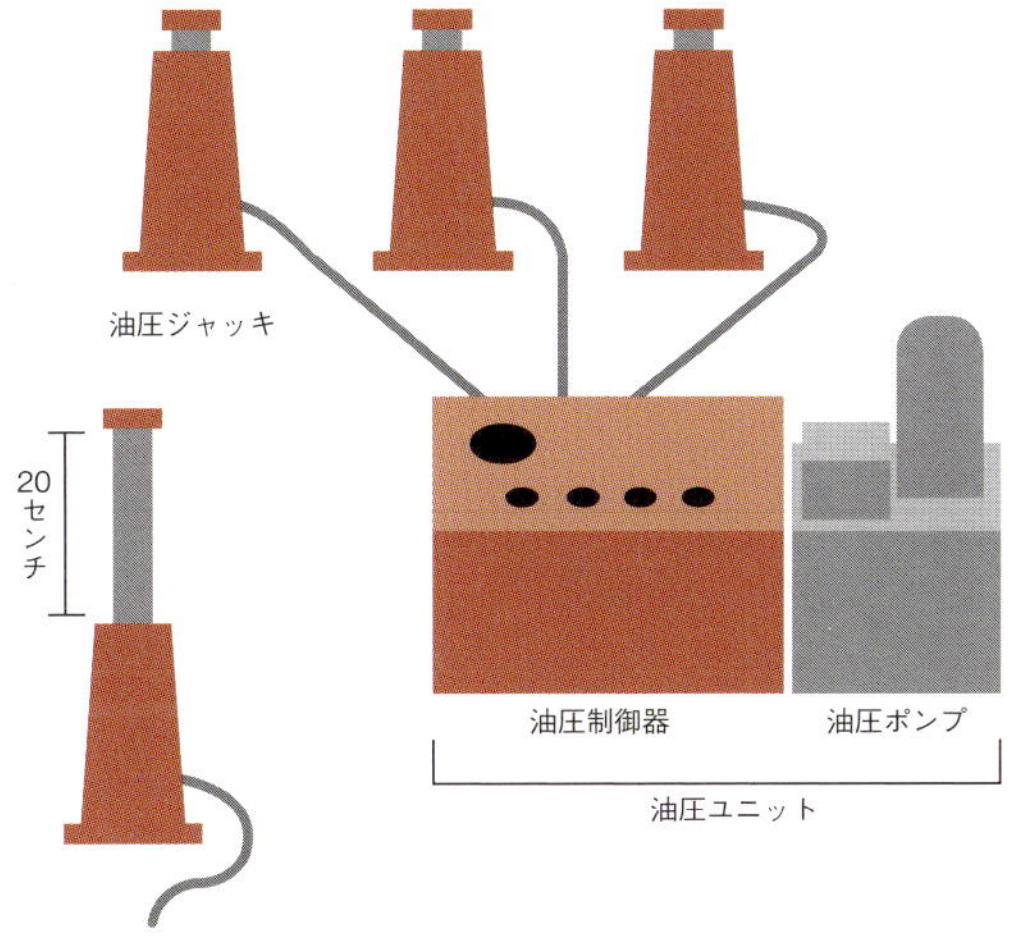

神社、仏閣や土台が傷んでいる木造住宅などは、床と土台の間の柱に鋼材を通して、建物を固定します。その鋼材の下にジャッキを設置し、上げていきます。

【 道をつくる 】

枕木を積む

移動用の道（道レール）には、主に鉄道のレールと枕木を使用します。

建物を上げたり、移動用の道づくりのために枕木を積み重ねます。

枕木は強度の割に軽くて職人が一人で持ち運べるという利点があります。最近では、枕木がコンクリート製になってきたため、木の枕木が入手しにくくなり、H形鋼や鋼材を使用することが多くなりました。

レールをつなげる（道レール）

鉄道のレールは、重量物を支えるのに強く、接続しやすい作りになっているので建物を載せるにも最適なのです。レールの接続は職人が手作業で行います。レールを水平にするための微調整には、レールと枕木の間にベニヤや三角形のキャンバーなどを挟みます。

【ローラーに載せる】

道（道レール）ができたら、その上にローラーまたはコロを設置し、建物を載せます。

今、主流を占めているのはローラーです。改良を重ねて、下部をレールに載せ、上部は180度回転できるようになり、縦・横・斜めの移動、回転等、動きが自在になりました。

10トン用、20トン用などの種類があり、建物の重量に合わせて使用数を決めます。3000トンを超える建物でも回転が多い移動なら、数を増やしてローラーを使用する場合もあります。

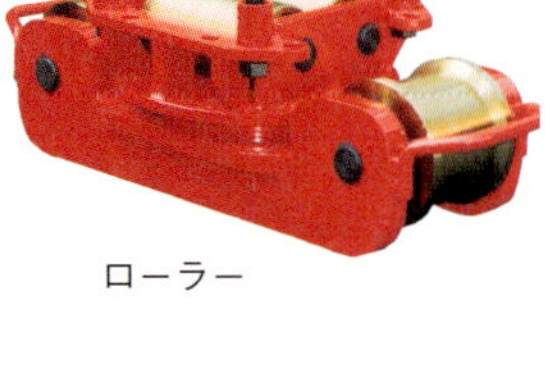

ローラー

コロに載せる

昭和45年頃までは、上の写真のような鉄の棒（コロ）を使用していました。コロは耐荷重があるため、現在でも鉄筋コンクリートなどの重い建物の場合はコロを使用しています。

直径50ミリから60ミリ、長さ70センチから100センチほどの鉄の棒を使用しています。

レールに対する置き方が重要です。コロ同士の間隔が狭いと丈夫になりますが、狭すぎると動きにくくなり、使用量も多くなってしまいます。移動に合わせて職人が1本1本コロを後ろから前へ運びます。

レールに対して直角に置かないと、移動につれてコロの角度が変わってしまうので、少しでも開くとハンマーで叩いて歪みを直します。

ジャッキで押す

横押しジャッキ

道レールなどの設置ができたら、いよいよ移動です。移動距離や重量によって、押すか引くかを判断します。押す場合は、横押しジャッキを使用します。これも3トン、10トン、20トン用などがあり、連動式の油圧ユニットで各所に設置したジャッキを均等の力で一斉に押します。

ジャッキが伸びる長さは50センチから60センチ。そのたびに設置し直して少しずつ前進していきます。

ウィンチで引く

ウィンチを使えば1回で30メートルから50メートル程度引けるので、移動距離が長い場合に適しています。ウィンチは滑車の数を増やすことで1トンの力が10トンの力にもなります。滑車の数で100トンの建物も10トンの力で引っ張ることができるのです。

ウィンチ

【建物を下ろす】

移動が終わると、建物を下ろします。

新しく準備した基礎に建物を下ろす場合は、土台などを支えていた鋼材も一緒に下ろします。その際、基礎が完成していると鋼材の行き場がなくなってしまいます。そのため建物を支えていた鋼材が下りてくる位置に穴を開けておきます。建物の土台が基礎に載った後に、鋼材を抜き取り、穴を埋めたり、換気用の通風孔として利用します。

あとがき

「曳家」を実際に担っているのは、どんな人たちですか、と聞かれることがあります。実は鳶職なのです。

鳶職は木造建築の棟上げや高層建築の鉄骨作業など、高所での華々しい作業に従事して、かっこよい職業でしたが、その職場は次第に機械に奪われています。しかし鳶職はその他に解体、足場、くい打ちなど、建築をつくったり維持するにあたって、なくてはならない地味な作業をいろいろと担っているのです。

その中のひとつが「曳家」です。

建築の周辺はどんどん機械化や工業化が進んで、次第に人手に頼らない場所になってきました。しかし、「曳家」は多少機械化が進んでいても、どうしても多くの部分を人手に頼らざるを得ない現場です。

しかもその技術は、豊富な経験によって蓄積した勘と豊かな知識によって裏打ちされています。その職場は経験豊かな職人とともに若い人材も必要としています。

日本の社会は、災害も多く、作っては壊し、作っては壊し、の連続でした。しかし、この社会も次第に人口減少、省資源と変化を余儀なくされてきました。これからは、いちど作った建物はできるだけ長く使い続けなければならないのです。

こうした、時代の要請から、ますます「曳家」の出番がもとめられることになるでしょう。また、「曳家」も単なる移動ではなく、ますます多様な移動方法が要求されます。また、移動する建築物もますます多様化してゆくことでしょう。

将来、予想されている大きな災害にも、必ず「曳家」の技術が求められるに違いありません。

あるいは、海外からの要請も増えるかもしれません。

一見、地味なこの世界をできるだけ多くの方々にご理解いただき、皆様のお役に立ちたい、こんな気持ちで本書をつくりました。

本書の製作にあたり、ご協力いただいたみなさんに感謝します。

一般社団法人　日本曳家協会
理事長　恩田忠彌

家《いえ》が動《うご》く！曳家《ひきや》の仕事《しごと》

発行日　2016年7月1日
編　者　一般社団法人 日本曳家協会
発　売　株式会社 水曜社
　　　　〒160-0022 東京都新宿区新宿1-14-12
　　　　TEL 03-3351-8768　FAX 03-5362-7279
　　　　URL suiyosha.hondana.jp/
編　集　南風舎
印　刷　壮光舎印刷

ISBN978-4-88065-388-4 C3052

＊本書は『家が動く！曳家の仕事』（相模書房2013年）を再発売するものです。